Entdecken Sie die Tulpenmonarchie an der Nordsee!

Sie sind klein, fein, kosmopolitisch und modern:
die Niederlande

Wenn ich an Holland denke, sehe ich breite Flüsse träge durch unendliches Flachland fließen.« Die erste Strophe dieses Gedichts von Hendrik Marsman kennt jedes niederländische Schulkind. Wasser spielt in diesem Land eben eine wichtige Rolle – das von oben und das Wasser in den zahlreichen Flüssen und Seen, Grachten und Kanälen, die das Land wie ein feinmaschiges Netz überziehen, den Städten ein malerisches Ansehen verleihen und ideale Infrastruktur für Wassersport und -verkehr sind. Schließlich strömen hier der aus Deutschland kommende Rhein und die Maas aus Belgien quer durchs Land, um bei Rotterdam ins Meer zu münden.

Diese beiden Flüsse trennen die Niederlande gleichsam in zwei Teile. Während die Bevölkerung in den Gebieten *boven de grote rivieren* (oberhalb der großen Flüsse) hauptsächlich protestantisch geprägt ist, gelten die Menschen im katholischen Süden *(beneden de grote rivieren)* als Lebensgenießer, die gerne gut essen und trinken, Karneval feiern und im Allgemeinen unbeschwerter sind als die Bewohner der Nordprovinzen.

Doch ebenso wichtig wie die Flüsse ist die Nordsee, die mit ihren je nach Wetterlage sanften oder ungestümen Brandungswellen und dem oft weitläufigen Dünengürtel eine große Anziehung auf die Touristenschar ausübt. Die kilometerlangen, flachen Sandstrände, die sich von der Provinz Zeeland an der Grenze zu Belgien im Südwesten bis nach Groningen und an die deutsche Grenze im Nordosten erstrecken, sind nicht nur in den Sommermonaten beliebt; auch in kühleren Jahreszeiten können Sie hier lange Strandspaziergänge unternehmen. Zusammen mit den Stränden der fünf vor der nördlichen Küste liegenden Wat-

Nirgendwo sonst auf der Welt gibt es solche Kanäle: Gracht mit Seerosen in Delft

5

Der monumentale Abschlussdeich trennt IJsselmeer und Nordsee

teninseln gehören sie zu den beliebtesten Urlaubszielen in den Niederlanden.

Obwohl das Meer und die Flüsse den niederländischen Seefahrern und Fischern viel Wohlstand brachten (und nach wie vor bringen), mussten (und müssen) die Bewohner sich und ihre Häuser immer wieder vor dem Wasser schützen, denn über ein Viertel des knapp 42 000 km² großen Gebiets der Niederlande liegt unter dem Meeresspiegel. Zum Schutz vor den Fluten bauten die Menschen ihre Behausungen seit dem Mittelalter auf Erdhügeln (Warften oder Terpen), die sie untereinander mit Dämmen und Deichen verbanden. Im Laufe der Jahrhunderte gab es immer wieder zahlreiche Überschwemmungen und Flutkatastrophen. Ein besonders schwerer Orkan verursachte 1916 so immense Schäden, dass man sich entschloss, die Zuiderzee mit einem Damm abzuschließen, der die ehemalige Meeresbucht in den Süßwassersee IJsselmeer verwandelte. (Die niederländische *zee* entspricht dem deutschen

Meer, während das niederländische *meer* einen See meint.) Der zweispurige, 30 km lange und 90 m breite *Afsluitdijk* mit großzügigen Radwegen und einer Durchfahrtmöglichkeit für Schiffe wurde 1932 eröffnet. Es ist ein wirklich imposantes Erlebnis, so »zwischen dem Wasser« durchzufahren.

In all den Jahrhunderten haben sich die Niederländer nicht nur gegen die Fluten gewehrt, sondern rangen dem Wasser auch immer wieder Land ab. Sie haben Seen trockengelegt, mit Hilfe von Windmühlen Wasser aus den unter dem Meeresspiegel liegenden Gebieten abgepumpt und Teile des IJsselmeers eingepoldert. Manche städtische Ansiedlung befindet sich jetzt dort, wo einst Wasser war. Es gibt die malerischen alten Polder (etwa in der Provinz Noord-Holland) und neue, topfebene Polder. Bis heute wird die Landgewinnung fortgesetzt, jetzt allerdings mit modernen, hoch entwickelten Technologien – und aus einem anderen Grund: Um die Wohnungsnot in der Hauptstadt zu lindern, baut

Amsterdam zurzeit im östlichen Hafengebiet die künstliche Insel IJburg, auf der bis 2009 etwa 45 000 Menschen ein neues Zuhause finden sollen.

Typisch für die Polderlandschaft ist nicht nur das Topfebene, sondern auch der weite Horizont, der charakteristisch für das ganze Land ist. Kein Wunder, dass sich in diesem Land praktisch jede und jeder aufs Fahrrad schwingt. Dass es sich bei den Gefährten hauptsächlich um die klassischen Holland-Räder mit Rücktrittbremse handelt, liegt auf der Hand. Doch gibt es sogar in den Niederlanden durchaus Gegenden, wo Sie sich besser mit dem Mountainbike fortbewegen, denn nicht überall ist es so platt wie eine Flunder. Im südlichsten Zipfel, beim deutsch-holländisch-belgischen Dreiländereck in der Provinz Limburg, erheben sich sanfte Hügel. Von Bergen zu sprechen wäre arg übertrieben – trotzdem nennen die Niederländer den mit 321 m höchsten Punkt des Landes stolz Vaalse Berg. In dieser Gegend heißen die Kneipen auf einmal »Berg und Tal« oder »Zur hohen Aussicht« und schlängeln sich die Straßen kurvenreich von Ort zu Ort. Pulsierendes Herz der Provinz ist Maastricht, die südlichste Stadt des Landes, deren französisch beeinflusstem Charme und liebenswertem Dialekt man einfach erliegen muss.

Der kulturelle, historische und wirtschaftliche Schwerpunkt des Landes liegt aber nach wie vor in Holland, womit streng genommen nur die beiden westlichen Provinzen Noord- und Zuid-Holland gemeint sind. Zum Königreich der Niederlande gehö-

ren aber außer den Niederländischen Antillen und Aruba in der Karibik (den letzten Überbleibseln der Kolonialmacht Holland) und dem bereits erwähnten Südzipfel Limburg noch weitere Provinzen: Friesland und Groningen im Norden, Drenthe, Overijssel und Gelderland im Osten, Flevoland und Utrecht im Zentrum sowie Noord-Brabant und Zeeland im Süden und Südwesten.

Im Wesentlichen ist das Land also flach – dieser weite Horizont, so behaupten viele, findet auch in der Mentalität der Bevölkerung seinen Niederschlag: Hier ist man weltoffen und neugierig und verschließt die Türen nicht vor Fremden. Denn schon immer kamen Unterdrückte aus aller Herren Ländern. Zuerst, im frühen Mittelalter, waren es die portugiesischen Juden, dann die Hugenotten aus Frankreich. Später suchten Chinesen und Immigranten aus den ehemaligen Kolonien in Südamerika und Südostasien hier Zuflucht. In den letzten Jahrzehnten waren es vor allem Menschen aus dem südlichen und östlichen Mittelmeerraum – sowie heute in zunehmendem Maße auch aus anderen Teilen der Welt. Es überrascht daher nicht, dass das niederländische Straßenbild sehr multikulturell wirkt, obwohl nur fünf Prozent der 15,8 Mio. Ew. eine andere Staatsangehörigkeit besitzen.

Trotz den in den letzten Jahren strenger gewordenen Gesetzen bleibt die Monarchie an der Nordsee ein traditionelles Einwanderungsland. Zwar spürt man ab und zu auch im Land der sprichwörtlichen Toleranz eine gewisse Fremdenfeindlichkeit, doch im Großen und Ganzen leben die vielen Nationalitäten auf dieser kleinen, außerordentlich dicht besiedelten Fläche friedlich zusammen.

Auf Grund der starken Immigration gibt es in den Niederlanden mehr als eine halbe Million Muslime und 300 Moscheen. Von den Einheimischen ist mittlerweile aber mehr als die Hälfte konfessionslos. Auf der anderen Seite der religiösen Skala findet man die von der göttlichen Vorbestimmung überzeugten und nach überaus strengen Regeln lebenden Calvinisten. Die – auch im Parlament vertretenen – Anhänger des Reformators Johannes Calvin und ähnlich bibelfeste Glaubensgemeinschaften wohnen hauptsächlich in einem schmalen Streifen, der sich von Zeeland quer durch das Land bis in die Provinz Overijssel erstreckt und als *biblebelt* bezeichnet wird.

Ob man nun zu den von der übrigen Bevölkerung tolerierten, wenngleich zuweilen auch belächelten Strenggläubigen gehört oder nicht – ein Stückchen *do-*

Die Provinz Zeeland lockt mit kilometerlangen Dünenstränden

mineescultuur, Missionsgeist, haben sich die meisten zu Eigen gemacht. Man predigt im Land der Deiche ganz gerne im belehrenden Kanzelton. Und wenn es um Nord-Süd-Verhältnisse, um den Frieden oder um Umweltanliegen geht, sind viele Niederländer schnell mit ihrer Meinung oder dem mahnenden Finger zur Stelle.

Eine weitere Lieblingsbeschäftigung der Niederländer ist das Verreisen. Während jährlich mehr als 9 Mio. Touristen in die Fahrradmonarchie kommen und hauptsächlich in den Küstenregionen ein Häuschen, eine Ferienwohnung oder ein Hotelzimmer beziehen, begeben sich die Einheimischen am liebsten mit dem Wohnwagen auf Reisen – es gibt kaum ein Volk, das so vernarrt in diese Art von Urlaub ist. Die Gründe, weshalb die Niederländer so gerne mit einem Haus auf vier Rädern verreisen, sind unterschiedlich. Während für die einen der hohe Grad an Selbstbestimmung im Vordergrund steht, ist es für andere einfach eine billige Urlaubsmöglichkeit. Wieder andere verbringen die schönste Zeit des Jahres am liebsten in der eigenen, vertrauten Umgebung.

Schon in früheren Jahrhunderten durchkreuzten die reiselustigen Niederländer sämtliche Weltmeere mit ihren großen Segelschiffen. Sie eroberten ferne Länder und handelten mit exotischen Gütern. Im heutigen Indonesien hatten sie sich ein Kolonialreich zugelegt und in Amerika Nieuw-Amsterdam, das heutige New York, gegründet. In erster Linie war es die Vereinigte Ostindische Handelskompanie

(VOC), die den ganzen Seehandel kontrollierte; sie hat denn auch nicht unwesentlich zum Reichtum der Republik im 17. Jh. (dem »Goldenen Zeitalter«) beigetragen.

Den sprichwörtlichen Kaufmannsgeist haben die Holländer noch immer im Blut. Nur diesem ist es zu verdanken, dass sich das flächenmäßig kleine Land auf der Weltbühne so nachhaltig zu behaupten vermag. Die Niederländer besitzen mit Rotterdam den größten Hafen der Welt. Es gibt mehrere große, international tätige Unternehmen wie den Nahrungsmittelkonzern Unilever, den Glühbirnen- und Elektronikhersteller Philips oder den Chemiemulti Akzo Nobel. Im Agrarsektor sind die Niederländer der drittgrößte Exporteur der Welt. Hier spielen natürlich ihre hoch entwickelten Technologien beim intensiven Anbau von Gemüse und anderen Gartenbauerzeugnissen im Gewächshaus eine überaus wichtige Rolle.

Die Niederlande sind ein ausgesprochen modernes Land mit einer Bevölkerung, die Veränderungen meist positiv gegenübersteht. Das war in den Aufbaujahren nach dem Zweiten Weltkrieg anders. Bis weit in die Sechzigerjahre galt das Königreich als Land spießbürgerlicher Zufriedenheit.

Doch dann kamen die Jugendproteste gegen Bürgerlichkeit und Obrigkeit, die sich vor allem in der so genannten Provo-Bewegung manifestierten. Ihre Aktionen und Demonstrationen gipfelten 1966 in den Rauchbomben beim Hochzeitsfest von Königin Beatrix. Gleichzeitig feierten Hippies aus aller Welt im Amsterdamer Vondelpark mit Joints und Trips die Flower-Power-Zeit.

In jenen Tagen wurde auch die bis dahin für die Niederlande so typische *verzuiling* gesprengt. »Versäulung« bedeutete eine weltanschaulich gegliederte Struktur der Gesellschaft mit einer katholischen, einer protestantischen, einer liberalen und einer sozialistischen Strömung. Da jede dieser Säulen über alle relevanten kulturellen und gesellschaftlichen Organisationen und Einrichtungen verfügte, konnte man praktisch das ganze Leben im eigenen Segment zubringen. Katholische Familien schickten ihre Kinder in eine katholische Schule und kauften Brot und Fleisch nur bei katholischen Bäckern und Metzgern, während die Väter Mitglied der katholischen Partei waren. Im Nachhinein muss man konstatieren, dass diese »Versäulung« sicher dazu beigetragen hat, dass es zwischen den verschiedenen weltanschaulichen Gruppen kaum zu Konflikten kam, denn jede Säule konnte eigenständig neben der anderen existieren. In unterschiedlich starker Ausprägung ist dieses Phänomen heute noch beispielsweise bei den Medien und im Schulwesen anzutreffen.

Diese Einträchtigkeit sowie der viel beschworene holländische Handelsgeist haben die Mentalität der Niederländer schon seit dem glorreichen 17. Jh. geprägt: Wer in einem kleinen Land seine Erträge mehren will, muss unerschlossene Märkte entdecken, Neuem gegenüber empfänglich sein und sich anbietende Möglichkeiten unerschrocken nutzen. Bis zum heutigen Tag ist dies zu spüren, etwa in der

Lebenslustig-mediterran gibt sich Amsterdam nicht nur am Rembrandtsplein

toleranten Haltung gegenüber Andersdenkenden, alternativen Lebensformen, Drogen oder Homosexualität. So haben Drogensüchtige aus niederländischer Sicht in erster Linie ein gesundheitliches Problem. Eine Hetze gegen Junkies ist verpönt; stattdessen sorgen die Gesundheitsbehörden sowie zahlreiche Wohltätigkeitsorganisationen dafür, dass die Drogenabhängigen an einem Methadonprogramm oder Gratis-Heroin-Projekt teilnehmen können und ein Dach über dem Kopf haben – wenn sie das wollen. Eine erfolgreiche Politik: Die Gesundheitssituation der Süchtigen stabilisiert sich immer mehr, und ihre Anzahl hat nicht zugenommen. Das tolerante holländische Modell wird inzwischen in vielen europäischen Städten nachgeahmt.

Im Land der Deichbauer wird gerne mit den unterschiedlichsten Gesellschaftsformen experimentiert. Gleichgeschlechtliche Paare dürfen zwar (noch) nicht heiraten, ein *samenlevingscontract*

(Partnerschaftsvertrag) macht es aber möglich, dass sie die gleichen Rechte und Pflichten haben wie andere (Ehe-)Paare. Verheiratete brauchen seit kurzem nicht mehr im gleichen Haushalt zu wohnen. Und vor allem in den Städten ist es ein weit verbreiteter Usus, dass geschiedene Eltern ihre Kinder abwechselnd betreuen. Auch im sozialpädagogischen Bereich sucht man unerschrocken nach neuen Ansätzen. Kinderspielgruppen im Altersheim sind keine Seltenheit mehr, und es wird versucht, körperlich und geistig Behinderte voll zu integrieren. Es gibt in Westeuropa kaum ein Volk, das so schnell auf gesellschaftliche Umwälzungen reagiert und sich so flexibel auf neue Gegebenheiten einzustellen weiß. Das ist nicht weiter erstaunlich, schließlich mussten die Niederländer sich seit dem frühen Mittelalter immer wieder anpassen, sei's beim Kampf gegen das Wasser, beim Außenhandel, bei den Einwanderern oder in Religionsfragen.

Geschichtstabelle

1. Jh. v. Chr. – 4. Jh. n. Chr.
Der Rhein bildet zwischen Nijmegen und Katwijk die Nordgrenze des römischen Imperiums

5.–6. Jh.
Ende der römischen Vormacht, die Niederlande kommen zum Reich der Franken

7.–10. Jh.
Christianisierung. Nach dem Tod von Karl dem Großen (814) fällt das fränkische Reich auseinander

11.–16. Jh.
Deichbauten und Einpolderungen. Erste Städte entstehen, der Handel mit dem Ausland kommt auf

1568–1648
80-jähriger Krieg: Die Reformation und die Auflehnung der holländischen Städte und des Adels gegen das Regime Philipps II. von Spanien führen zur Unabhängigkeit

17. Jh.
Goldenes Zeitalter: Blütezeit der holländischen Städte, der Schifffahrt, des Handels mit den Kolonien und der Kunst (Rembrandt, Vermeer). Das tolerante intellektuelle Klima zieht ausländische Gelehrte und Glaubensverfolgte an

1794 1813
Belgien und Niederlande unter französischer Herrschaft

1814
Königreich der Niederlande (mit Belgien unter König Wilhem I. von Oranien)

1830
Aufstand und Unabhängigkeit Belgiens

1863
Die Niederlande schaffen den Sklavenhandel ab

1914–1918
Die Niederlande sind im Ersten Weltkrieg neutral; 1917 allgemeines Wahlrecht für Männer, 1919 auch für Frauen

1932
Vollendung des Abschlussdamms: Die ehemalige Zuiderzee ist nun ein Süßwassersee und heißt IJsselmeer

1940–45
Bombardierung von Rotterdam und Besetzung des Landes durch die Deutschen. Mehr als 100 000 Juden werden deportiert

1949
Die holländische Kolonie Indonesien wird unabhängig

1980
Beatrix wird Königin

1994
Erstmals seit 1918 wird eine Regierungskoalition ohne Christdemokraten gebildet

1995
Hochwasser an Rhein, Waal und Maas; eine viertel Million Menschen und Millionen Tiere werden evakuiert

1998
Die Arbeitspartei von Ministerpräsident Wim Kok wird als stärkste Partei bestätigt; linksliberale Koalitionsregierung

Von Anne Frank bis zu den Windmühlen

Notizen zum Käse und zum Königshaus, zu fietspaden und zum Poldermodell

Anne Frank

Die Geschichte des jüdischen Mädchens Anne Frank ist eine der berühmtesten des Zweiten Weltkriegs. Ihre Eltern flüchteten 1933 mit der 1929 in Frankfurt am Main geborenen Anne vor den Nazis in die Niederlande. Als auch Holland von den Deutschen besetzt war, tauchte sie 1942 mit ihren Eltern und anderen Juden in einem Hinterhaus an der Amsterdamer Prinsengracht unter. Dort schrieb sie ihr Tagebuch. In Briefen an die imaginäre Freundin Kitty erzählte Anne vom kargen Leben im Versteck. 1944 wurde ihre Familie verraten und deportiert. Anne Frank starb im März 1945 im Lager Bergen-Belsen. Ihr Vater Otto Frank überlebte den Holocaust als Einziger der ganzen Familie. Zwei Jahre nach Kriegsende veröffentlichte er eine redigierte Fassung der Aufzeichnungen seiner Tochter. Bis heute wurde das »Tagebuch der Anne Frank«, das zur Pflichtlektüre vieler Schüler gehört, in mehr als 60 Sprachen übersetzt.

Das Haus an der Prinsengracht wurde 1960 als Museum eröffnet. Nun konnten sich die Besucher selbst ein Bild vom Versteck der jüdischen Familien machen. Am eindrucksvollsten ist die als Bücherschrank getarnte Drehtür, hinter der sich der Zufluchtsort der Untergetauchten befand. Ende der Neunzigerjahre ist diese Gedenkstätte gründlich renoviert worden, wobei man versuchte, die Atmosphäre der Vierzigerjahre wieder aufleben zu lassen. Außerdem wurde ein Anbau errichtet, der als Schulungs- und Ausstellungsraum dient.

Coffeeshops

Kein anderes Land pflegt einen so liberalen Umgang mit weichen Drogen wie die Niederlande. Seit den Siebzigerjahren werden harte von weichen Drogen getrennt. Der Staat duldet den Besitz einer kleinen Menge sowie den Verkauf und Konsum von Haschisch und Marihuana in speziellen Kneipen, den Coffeeshops. Neben der Getränkekarte

Riesige Tulpenfelder wie hier in Lisse sind eines der klassischen Wahrzeichen Hollands

gibt es hier eine für die Rauchwaren. Seit Mitte der Neunzigerjahre bläst den Cannabisfreunden ein rauerer Wind ins Gesicht, denn die zahlreichen illegalen Anbauflächen auf Dachböden und in Gewächshäusern, auf die die Polizei bei ihren Razzien immer wieder stieß, waren selbst für die tolerante niederländische Regierung zu viel des Guten. Seit 1995 sind im Eigenanbau nur noch maximal fünf Pflanzen erlaubt.

Deiche

Schon die ersten Siedler bauten Deiche, um ihre Häuser in dem vielfach unter dem Meeresspiegel liegenden Land vor dem Wasser zu schützen. Die meterhohen Wälle bestehen noch heute im Kern aus Sand, der mit einer dicken Tonschicht bedeckt wird. Im Poldermuseum in Lelystad wird sehr anschaulich ein Querschnitt eines Deiches gezeigt. Beim großen Hochwasser 1995 musste eine viertel Million Menschen evakuiert werden, weil entlang der Flüsse Deichbrüche befürchtet wurden. Seither sind die »holländischen Berge« vielerorts saniert und erhöht worden.

Deutsch-niederländische Beziehungen

Obwohl die deutsch-niederländischen Beziehungen in den letzten Jahren mit zahlreichen Konferenzen und Austauschprogrammen stimuliert wurden, gibt es in Holland noch immer viele Menschen mit starken Ressentiments gegen Deutsche. Wenn Sie etwas auf Deutsch und womöglich lautstark oder von oben herab fragen, wird man Ihnen sofort zu verstehen geben, dass Besserwisserei und Überheblichkeit nicht erwünscht sind. Vereinzelt kann es Ihnen auch heute noch passieren, dass ein Wirt auf Ihre deutsche Bierbestellung mit den Worten *eerst wil ik mijn fiets terug* (»zuerst will ich mein Fahrrad zurück«) reagiert – ein Hinweis auf Angehörige der deutschen Wehrmacht, die während der Besetzung der Niederlande zwischen 1940 und 1945 das einzige Transportmittel konfiszierten. Natürlich bekommen Sie trotzdem Ihr Bier und kann der Besuch in der Kneipe noch gemütlich werden.

Elfstedentocht

Holländer sind begeisterte Eisschnellläufer. Sobald im Winter das Eis auf den Flüssen und Kanälen dick genug ist, ziehen sie in großen Scharen ihre Schlittschuhe an. Das absolut größte Spektakel ist die Elfstedentocht, eine Tagestour über 200 km durch elf Städte der Provinz Friesland. Diese kann allerdings nur stattfinden, wenn das Eis die 16 000 Eisläufer auch wirklich trägt. Im 20. Jh. war das gerade 15-mal der Fall, zuletzt im Januar 1997.

Erasmus von Rotterdam

Der bedeutende Humanist Erasmus Desiderius wurde 1466 oder 1469 in Rotterdam geboren und starb 1536 in Basel. Sein »Lob der Torheit«, ein satirisches Werk über die gesellschaftlichen und kirchlichen Missstände, verhalf ihm zu großem Ruhm. Mit seinen philosophischen Arbeiten übte Erasmus einen großen Einfluss auf die Reformation aus – von der er sich allerdings später distanzierte.

Ein eisiges Vergnügen: die 200 km lange Elfstedentocht auf Frieslands Kanälen

Heringe

Zeitungsinserate mit dem simplen Text *Hollandse nieuwe* läuten jedes Jahr im Juni die neue Heringssaison ein. Es ist die Zeit, in der die ganze Nation vor den rot-weiß-blauen *haringkarren* (fahrbaren Heringsständen) Schlange steht. Der Verzehr dieser Matjesheringe erfolgt nach einem ganz bestimmten Prozedere: In der linken Hand halten die Heringsliebhaber einen kleinen, rechteckigen Pappteller. Darauf liegen der Hering, eine Papierserviette und ein paar Zwiebelstückchen. Dann ergreifen sie mit Daumen und Zeigefinger der rechten Hand die Schwanzflosse der zartrosa Delikatesse, heben den rechten Arm etwas in die Höhe und führen den Fisch von oben senkrecht in den weit geöffneten und gen Himmel gerichteten Mund. Das Ganze wird mit einem Schluck eiskaltem Genever runtergespült.

Der Hering ist in der niederländischen Kultur tief verwurzelt. Schon im 16. Jh. wurde er in großen Mengen gefangen. Wie wichtig dieser Meeresbewohner war, sieht man noch vielerorts: Bis heute ziert beispielsweise ein Hering das Wappen von Enkhuizen. Immer mehr und vor allem größere Schiffe führten im Lauf des 20. Jhs. zu einer leer gefischten Nordsee. Um die Bestände zu retten, wurde zwischen 1979 und 1982 ein totales Fangverbot erlassen. Mit Fangquoten wird seither versucht, der Überfischung zu begegnen.

Überraschenderweise sind die Niederländer jedoch keine typischen Fischesser: Der jährliche Pro-Kopf-Konsum ist mit 15 kg relativ niedrig – in Portugal sind es 65 kg! Das mag damit zusammenhängen, dass Fische in den Niederlanden lange Zeit als »Fleisch der Armen« galten, was man auch auf den Bildern der alten Meister studieren kann: Während die reichen Kaufleute mit Fleisch dargestellt wurden, bekamen die Armen (falls die Maler überhaupt ein Auge für sie hatten) Fische vorgesetzt.

Inlineskaten

Die Schuhe mit den vier Rädern finden im Königreich an der Nordsee reißenden Absatz, denn Skaten kann man dort fast ebenso gut wie Radfahren. Die Radwege dürfen auch mit den Rollerblades benutzt werden – sofern man die Bremstechnik voll und ganz beherrscht! Im Verkehrsministerium ist man dabei, Richtlinien auszuarbeiten, um die Inlineskater den Radlern gleichzustellen. Dieser Boom hat zur Folge, dass viele Schulen nun Rollerskateunterricht anbieten und sich im Sommer in allen Landesteilen einmal in der Woche Gruppen zu einer Tour treffen. Die wohl berühmteste ist der *Friday Night Skate* in Amsterdam *(Treffpunkt beim Filmmuseum im Vondelpark um 20 Uhr),* wo jeweils Tausende in einer langen, bunten Schleife durch die ganze Stadt fahren. Bei den meisten VVV-Büros bekommt man inzwischen detaillierte Skateinfos mit Tourenvorschlägen.

Käse

Schon im 16. Jh. wurden in den Provinzen Noord-Holland, Friesland und Groningen runde Käselaibe hergestellt und auf den Märkten von Gouda und Alkmaar verkauft. Um 1800 grasten bereits 900 000 Kühe auf den Weiden; ihre Milch diente fast ausschließlich zur Käseproduktion. Rund um Enkhuizen an der damaligen Zuiderzee machten die Bauern »Süßmilchkäse«, jene Sorte, die heute als Edamer verzehrt wird. Im Südwesten, zwischen Leiden und Haarlem, wurde *komijnekaas* (Kreuzkümmelkäse) aus Magermilch hergestellt und rund um Utrecht die ersten Laibe Gouda, so wie wir diesen Käse noch heute kennen. Die ersten Käsefabriken entstanden Ende des 19. Jhs. und erlösten damit die Bauernknechte von der überaus schweren Arbeit.

Heute hat sich das Sortiment vervielfältigt. Käse ist noch immer ein wichtiges Exportprodukt: Von den über 600 000 t, die jährlich produziert werden, geht mehr als die Hälfte ins Ausland. Gleichzeitig ist in letzter Zeit ein Trend zur traditionellen, handwerklichen Käseherstellung festzustellen. Wenn Sie über Land fahren, werden Sie immer wieder Schilder mit der Bezeichnung *kaasboerderij* (Käsebauernhof) se-

Hier ist wirklich alles Käse

16

hen. Diese Bauern bieten nicht nur ihren eigenen Käse an, sondern gewähren häufig auch Einblick in ihre Arbeit. In den Niederlanden wird (Goudaer) Käse in den folgenden Reifestufen verkauft: *jong* (vier Wochen gereift), *jong belegen* (acht Wochen), *belegen* (vier Monate), *extra belegen* (sieben Monate), *oud* (zehn Monate), *overjarig* (ein Jahr).

Königshaus

Beatrix Wilhelmina Armgard, Königin der Niederlande, Prinzessin von Oranje-Nassau, Prinzessin von Lippe-Biesterfeld: So lautet der offizielle Titel der niederländischen Monarchin. Die 1938 geborene Beatrix gilt als eine fleißige Managerin. Sie hat den Ruf, oft besser als ihre Minister informiert zu sein, und soll selbst Kabinettsmitglieder auf ihre Wissenslücken hinweisen. Laut Verfassung sind die Niederlande eine konstitutionelle Erbmonarchie mit parlamentarischem System, wobei Kabinett und Krone gemeinsam die Regierung bilden. Die Königin trägt jedoch keine politische Verantwortung, kann aber sehr wohl Einfluss nehmen, etwa bei der Koalitionsbildung nach Parlamentswahlen. Neben zahlreichen Repräsentationspflichten gehört es zu ihren Aufgaben, am dritten Dienstag im September, dem *prinsjesdag*, die Thronrede vorzulesen. Dabei handelt es sich um einen vom Kabinett verfassten Text mit dem Regierungsprogramm des kommenden Jahres. Königin Beatrix ist seit 1966 mit dem Deutschen Claus von Amsberg verheiratet. Der Ehe entsprangen drei Söhne: Thronfolger Prinz Willem-Alexander

(1967), Prinz Johan Friso (1968) sowie Prinz Constantijn (1969). Natürlich wird auch in den Niederlanden jede attraktive Begleiterin des Kronprinzen mit Argusaugen verfolgt. Englische Zustände mit Heerscharen von Paparazzi vor dem Schlossportal gibt es allerdings (noch) nicht.

Literatur

Obschon das Sprachgebiet mit 20 Mio. Holländischsprachigen im flämischen Teil Belgiens und in den Niederlanden eher bescheiden ist, haben die Niederländer im Lauf der Zeit viele wichtige Autoren hervorgebracht. Baruch Spinoza verschaffte sich im 17. Jh. mit seinen philosophischen Abhandlungen weltweite Anerkennung. Viel Beachtung fand im 19. Jh. Multatuli mit seinem Roman »Max Havelaar«, einer Anklage gegen die Schattenseite der Kolonialherrschaft in Niederländisch-Indien, dem heutigen Indonesien. Nach dem Zweiten Weltkrieg dominierten vor allem Werke von Willem Frederik Hermans, Harry Mulisch und Gerard Reve die literarische Szene. Im deutschsprachigen Raum sind heute vor allem Cees Nooteboom und Connie Palmen ein Begriff.

Malerei

Rembrandt van Rijn, Frans Hals und Jan Vermeer van Delft waren schon im »goldenen« 17. Jh. weltberühmt. Im Amsterdamer Reichsmuseum, dem größten des Landes, findet man eine außergewöhnlich reichhaltige Sammlung mit allen alten Meistern. Im 19. Jh. folgte Vincent van Gogh – einen Großteil seiner Werke finden Sie im gleichnamigen Museum, ebenfalls in Amsterdam. Die herausragenden Maler des 20. Jhs. sind Piet Mondrian, Karel Appel und Corneille als Vertreter der Cobra-Gruppe (Kopenhagen, Brüssel, Amsterdam). Übrigens haben die Niederlande mit ihren fast 1000 Museen die größte Museumsdichte der Welt.

Poldermodell

Anfang der Achtzigerjahre setzten sich Regierung, Arbeitgeber und Gewerkschaften zusammen, um gemeinsam eine Lösung für das Problem der zunehmenden Arbeitslosigkeit zu finden. Mit den ausgehandelten Punkten – kürzere und flexiblere Arbeitszeiten sowie gemäßigte Lohnforderungen – schufen sie die Basis für eine wirtschaftliche Entwicklung, die Mitte der Neunzigerjahre schließlich zu einer der niedrigsten Arbeitslosenquoten der EU führte und im Ausland als Poldermodell bekannt geworden ist. Diese Treffen am runden Tisch sind ein typisches Beispiel für die so genannte *overlegcultuur* (Gesprächskultur), die auch andernorts Schule gemacht hat: Deutschland versucht mit dem »Bündnis für Arbeit« einen ähnlichen Weg zu beschreiten.

Radfahren

Eine Tour mit dem Fahrrad ist in diesem topfebenen Land ein ganz besonderes Vergnügen. Ein vorbildliches Netz von Radwegen *(fietspaden)* führt über fast 20 000 km quer durchs Land von Groningen nach Maastricht und von Rotterdam bis Arnhem. Inzwischen sind sogar zwei »Fahrradautobahnen« geplant, die Amsterdam mit Utrecht und Eindhoven mit Helmond verbinden sollen. Bei viel Wind kann es schon mal sein, dass Sie kräftig in die Pedale treten müssen. Das Schalten in einen kleineren Gang ist dabei allerdings nicht immer möglich, da die meisten niederländischen Drahtesel mit Rücktrittbremse ausgestattet sind und keine Nabenschaltung besitzen. Das gilt auch für die meisten Leihräder, die Sie fast überall mieten können.

Sterbehilfe

Obwohl aktive Sterbehilfe (Euthanasie) in den Niederlanden nach wie vor verboten ist, gestattet ein Anfang der Neunzigerjahre verabschiedetes Gesetz einem Arzt, diese in Form einer Spritze straffrei zu leisten. Dabei muss jedoch eine ganze Reihe

Pedal-Power statt Abgasschwaden: Die bequemen Holland-Räder machen's leicht

---

Die Marco Polo Bitte

Marco Polo war der erste Weltreisende. Er reiste in friedlicher Absicht, verband Ost und West. Er wollte die Welt entdecken, fremde Kulturen kennen lernen, nicht zerstören. Könnte er heute für uns Reisende nicht Vorbild sein? Aufgeschlossen und friedlich sollte unsere Haltung auf Reisen sein. Dazu gehören auch Respekt vor Mensch und Tier und die Bewahrung der Umwelt.

WWF

---

von Vorschriften strikt eingehalten werden. Unter anderem muss der Patient mit Todeswunsch auf unerträgliche Weise an einer unheilbaren Krankheit leiden; ferner ist der behandelnde Arzt verpflichtet, einen Kollegen zu konsultieren, und muss das ganze Dossier schließlich auch der Staatsanwaltschaft übergeben. Aktive Sterbehilfe wird in den Niederlanden jährlich etwa 3600-mal geleistet. Das entspricht 2,6 Prozent aller Todesfälle. Auf Grund der jahrzehntelangen Diskussion wird aktive Sterbehilfe von praktisch allen niederländischen Bevölkerungsgruppen akzeptiert.

Tulpen

Die »Tulpen aus Amsterdam« stammen ursprünglich aus Zentralasien. Ende des 16. Jhs. pflanzte Carolus Clusius die erste Zwiebel dieses Liliengewächses im botanischen Garten in Leiden. Im 17. Jh. galt die edle Blume als Statussymbol: Damals kosteten drei Tulpenzwiebeln so viel wie ein Amsterdamer Grachtenhaus. Jeder Kauf musste denn auch vom Notar beglaubigt werden! Heute bestreiten die Niederlande 80 Prozent des weltweiten Tulpenhandels. Die 2300 Gartenbetriebe produzieren jährlich rund vier Milliarden Tulpen-

zwiebeln. Hauptanbaugebiet ist der »Tulpengürtel« zwischen Leiden und Den Haag.

Windmühlen

Früher waren es Zehntausende, heute gibt es in den Niederlanden noch etwa 1000 der typischen alten Windmühlen mit den vier Flügeln. Die meisten stehen unter Denkmalschutz und werden nur an speziellen Tagen – etwa dem nationalen Mühlentag am zweiten Maisamstag – betrieben. Bei Kinderdijk südöstlich von Rotterdam steht das größte Mühlenensemble der Welt. Eine größere Ansammlung authentischer Mühlen finden Sie auch im Freilichtmuseum Zaanse Schans nördlich von Amsterdam. Jahrhundertelang haben die Schöpfräder der Mühlen das sumpfige Gebiet der Niederlande entwässert. Heute übernehmen moderne Systeme wie Diesel- und Elektropumpanlagen diese Aufgabe. Vielerorts, etwa in der Provinz Zeeland oder auf dem Flevoland-Polder zwischen Urk und Lelystad, werden Sie auf ganze Windmühlenparks zur Gewinnung der umweltfreundlichen Windenergie treffen. Es sind zeitgenössische Turbinen mit einem Rotor, die die historischen Flügelmühlen abgelöst haben.

Erbsensuppe und Eintopf, dropjes und pannenkoeken

Vom bodenständigen stamppot bis zur indonesischen Reistafel:
eine Multikultiküche für Entdeckungslustige

Essen ist eine Lieblingsbeschäftigung der Niederländer. Kaum sitzen sie morgens im Zug oder stehen auf dem Weg zur Arbeit im Stau, klauben sie zum Frühstück *(ontbijt)* ein *broodje* aus der Tasche: meist zwei dünne Scheiben Weißbrot mit Käse oder einer Scheibe Wurst. Manche bestreuen ihr Brot mit *hagelslag,* feinen Schokowürmchen. Kinder lieben auch die farbigen *muisjes,* Zuckerstreusel mit Anisgeschmack, auf ihrem Brot. Ferner gibt es *ontbijtkoek,* eine Art Honigkuchen, der in dünne Scheiben geschnitten und mit etwas Butter gegessen wird. Dazu trinken sie Kaffee oder Tee aus der Thermoskanne oder vom Bahnhofsimbiss. Zur obligaten Kaffeepause gibt's am Vormittag Gebäck – zumindest einen bescheidenen Keks, wenn nicht gerade ein Geburtstagskind Apfelku-

chen spendiert. Mittags, zum *lunch* in der Kantine oder daheim, verzehren sie abermals ein *broodje.* Oft ersetzen sie den Käse durch anderen Belag, zum Beispiel eine panierte und in heißem Öl gebackene *kroket* aus Fleisch und Kartoffeln. In jedem Fall gehört aber ein Glas Milch dazu!

Nach Feierabend treffen sie sich zum Aperitif *(borrel)* in einem Café. Während Männer zum Bier gerne einen jungen Genever trinken, wählen Frauen vorzugsweise Weißwein. Natürlich gehören auch hier die entsprechenden *hapjes* dazu: *bitterballen* (eine runde *Kroket*-Version) mit Senf, *vlammetjes* (kleine Frühlingsrollen) mit einer scharfen Sauce, *osseworst* (rohe Rindfleischwurst) oder Käsewürfel.

Pünktlich um 18 Uhr steht schließlich das Abendessen *(avondeten)* auf dem Tisch. Trotz aller multikulturellen Einflüsse, an denen die Niederlande reich sind, besteht der *hollandse pot* noch heute vor allem aus Kartoffeln,

Gemüse und Fleisch. Dabei ist, was in vielen Ländern nicht einmal die kleinen Kinder dürfen, in Holland die normalste Sache der Welt: das Zermanschen des Essens. 62 Prozent aller Niederländer üben sich tagtäglich in dieser Disziplin, wie eine Studie zu Tage gefördert hat.

Trainieren können sie das vor allem im Winter. Sobald die Tage kürzer werden und die Temperaturen sinken, kommen die typischen Eintopfgerichte *(stamppot)* auf den Tisch. Aus zerstampften Kartoffeln, Grünkohl *(boerenkool)* und Speckwürfeln besteht der wohl bekannteste Eintopf; er wird mit Bauernwurst und einer Bratensauce serviert. Aber auch der *andijvie-stamppot* aus Endivien und Kartoffeln und der *hutspot* aus Möhren, Kartoffeln und Zwiebeln schmecken durchaus lecker. Beliebt ist im Winter außerdem die *erwtensoep*, eine dicke Erbsensuppe, die mit Pumpernickel und Katenspeck gegessen wird.

Zwischen den Mahlzeiten sind die Holländer ausgesprochene Naschkatzen. Am liebsten kauen sie *dropjes*, Lakritze in allen Formen und Farben, die in den verschiedensten Geschmacksrichtungen von Pfefferminz über Lorbeer bis hin zu Salmiak verkauft werden.

Wenn die *Dropjes*-Tüte leer ist, holen sie sich im nächsten Imbiss *patat met* – so lautet die einfache Bestellung für eine Portion Pommes frites mit Mayonnaise. Man kann die goldbraunen Fritten aber auch mit Erdnusssauce, Senf, Ketchup, Currysauce oder mit Zwiebeln bekommen. Pommesbuden sind in den Niederlanden so verbreitet wie Pizzerias in Italien. Vielerorts werden Sie auf eine Filiale von Febo, der bekanntesten Snackbarkette, stoßen. Die meisten dieser Lokale bieten eine reichhaltige Fastfoodkarte an. Bei Febo kann man sich außerdem warme Fertigsnacks wie Würstchen oder Hamburger aus dem Automaten holen: einfach das entsprechende Münzgeld einwerfen und das Fach mit dem gewünschten Inhalt öffnen.

Trotz der im Alltag nicht gerade anspruchsvollen Esskultur der Holländer kann man in den Niederlanden äußerst lecker essen. Etwa in den 39 Nobelrestaurants, die in der »Alliance Gastronomique Néerlandaise« zusammengeschlossen sind *(ca. 110 hfl für ein 4-Gänge-Menü, www.alliance.nl),* oder in den 25 Lokalen, die zum Verband »Relais du Centre« gehören *(www.le-relais.nl).* Nicht ganz so schick sind die zahlreichen *eetcafés,* einfachere Restaurants, die oft sehr schmackhafte Fleisch-, Fisch- oder vegetarische Menüs um 30 Gulden anbieten. Kinder und Junggebliebene freuen sich über *poffertjes* (kleine Eierkuchen) oder ein anderes Mahl im *pannenkoekenhuis* (Pfannkuchenrestaurant). Ein Erbe der kolonialen Vergangenheit sind die vielen indonesischen Restaurants, die besonders zahlreich in Den Haag und Amsterdam anzutreffen sind und mit exotischen Köstlichkeiten wie Reistafeln aufwarten. Daneben gibt's in den meisten Orten natürlich auch eine reiche Auswahl aus der internationalen Küche, von chinesisch bis italienisch und von thailändisch bis japanisch. Nachmittags und abends sitzen die Niederländer gerne in einem *bruine café*, wie diese typischen »braunen« Kneipen heißen. Solche Lokale haben meistens eine von Brauntönen dominierte Einrichtung mit hölzerner Wandtäfelung und einer langen Bar. Wundern Sie sich nicht über die als Tischtuch dienenden Teppiche.

Neben Kaffee und Tee ist Bier das beliebteste Getränk. Die meisten Kneipen verfügen über ein reichhaltiges Sortiment. Heineken, der Gerstensaft des einheimischen Biermultis, fehlt fast nirgendwo; ähnlich verbreitet sind Grolsch und Brand. Im Sommer, wenn's warm ist, wird gerne Weißbier getrunken. Und wenn die Holländer Lust auf eine besondere Bierspezialität haben, bestellen sie belgisches Bier.

Das Schnapsbrennen hat eine ähnlich lange Tradition wie das Bierbrauen. Das Wort *genever* (Wacholderschnaps) taucht in alten Schriften erstmals 1608 auf. Wenn Sie einen echten Korn möchten, bestellen Sie ein Glas *korenwijn*. Bekannt ist auch der friesische *Beerenburger*, ein Kräuterschnaps. In den Probierstuben wird man Ihnen die Unterschiede gerne erklären. Die Schnapsgläser werden im Wortsinn randvoll eingeschenkt, mit einem so genannten *kopje*. Man beugt sich zum Glas hinunter und schlürft den ersten Schluck. Falls die Reste in der Geneverflasche nicht mehr für ein volles Glas mit *kopje* reichen, müssen Sie dieses möglichst schnell austrinken: Der Wirt wird Ihnen aus der neuen Flasche gratis ein zweites Glas nachschenken – so will es ein alter Brauch.

Das Weintrinken hat sich in den letzten Jahren immer mehr eingebürgert. Die meisten Restaurants bieten heute mehr als nur einen roten und einen weißen Hauswein an. Das Sortiment kommt aus aller Herren Ländern. Zwar gibt es mittlerweile auch fünf niederländische Weingüter in der Gegend um Maastricht, doch ist ihre Anbaufläche äußerst bescheiden.

Niederländische Käsesorten

Edamer: Die Rinde wurde früher mit dem roten Farbstoff einer tropischen Holzsorte eingeschmiert. Heute wird dieser Käse entweder in rotes Paraffin getaucht oder (für den Export) in rotes Cellophan gewickelt. Edamer wird aus teilentrahmter Milch hergestellt. Er schmeckt etwas würziger als Gouda.

Gouda ist heute eher ein Sammelbegriff für zarten, leicht salzigen Käse aus roher Milch. Es gibt zahlreiche Varianten wie Maaslander, Beemster, Zaanlander, Kollumer und Texelaar. Ferner ist auch Gouda mit Petersilie, Brennnessel, Pfeffer, Knoblauch oder Gewürznelken sowie Ziegengouda erhältlich.

Maasdammer ist eigentlich ein holländischer Emmentaler, der zwar ebenso viele Löcher aufweist wie sein Schweizer Bruder, aber milder schmeckt. Maasdammer wird auch unter den Namen *Hollandse gatenkaas* (holländischer Löcherkäse), *Westberg* oder *Bergumer* verkauft.

Klompen, Kacheln, Kulinarisches

Von der Tulpenzwiebel bis zum Diamanten:
Niederlande-Souvenirs gibt es für jeden Geldbeutel

Tulpen, *klompen* (Holzschuhe) und Windmühlen, die drei bekanntesten Symbole des Landes, stehen in den Souvenirgeschäften hoch im Kurs. Die schnuckeligen Windmühlen kommen jedoch aus Hongkong und sind mit Flügeln versehen, die sich im Uhrzeigersinn drehen – dabei drehen sie sich bei einer echten Mühle andersherum!

Aus einheimischer Produktion stammen dagegen die 3 Mio. Paar Souvenir-*Klompen,* die die Urlauber jedes Jahr erwerben, zum Beispiel als Schlüsselanhänger, Flaschenöffner oder Käseschaber. *Klompen* werden in den Niederlanden noch heute von Straßenpflasterern und Bauern getragen.

Viele »typische« Holland-Souvenirs sind mit blauen Motiven verziert und den Worten *origineel Delftsblauw* versehen. Vertrauen Sie ja nicht darauf – der Ausdruck *Delftsblauw* (Delfter Blau) ist nicht geschützt.

Ein beliebtes Mitbringsel sind Tulpenzwiebeln, die Sie in jedem Souvenirgeschäft, aber auch auf Märkten oder in Gartencentern finden. Seit kurzem sind auch biologisch gezüchtete Blumenzwiebeln auf dem Markt. Sie tragen das Gütesiegel EKO – wie alle biologischen Produkte in den Niederlanden.

Leseratten sei der Gang in ein Buchantiquariat empfohlen. Vor allem in den größeren Städten gibt es sie in großer Zahl. Auch auf Antiquitätengeschäfte werden Sie immer wieder stoßen.

Als kulinarische Mitbringsel eignen sich zum Beispiel (außer Käse) *stroopwafels.* Das sind runde, mit dickflüssigem Sirup gefüllte Waffeln. Auch Schnäpse sind beliebte Mitbringsel. Möchten Sie authentischen Korn, halten Sie Ausschau nach *korenwijn* oder *Beerenburger.*

Ein etwas kostbareres holländisches Souvenir ist ein Diamant. Der berühmte Amsterdamer Schliff ist unter Fachleuten nach wie vor ein Begriff für Qualität. Einen echten Diamanten, allerdings nur einen klitzekleinen, gibt es bereits ab 60 Gulden

Touristenkitsch? Arbeitskleidung für Straßenpflasterer! Die tragen die Klompen freilich ohne Mühlenmotiv

Tulpen und Theater, Comics und die Königin

Vom Neujahrsschwimmen bis zum Sinterklaas: Niederländer finden das ganze Jahr hindurch einen Grund zum Feiern

In Holland wird oft und gerne gefeiert. Der ★ *Koninginnedag* am 30. April etwa ist ein Fest, das Sie sich keinesfalls entgehen lassen sollten: Dem Hause von Oranien zu Ehren hüllen sich die Untertanen in orangefarbene Gewänder, in denen sie bis in die frühen Morgenstunden tanzen, singen und lachen. In der Nacht davor treten auf vielen Plätzen – vor allem in Den Haag und Amsterdam – Popbands auf, und das Bier wird gleich auf der Straße gezapft. Tradition haben auch die zahlreichen Freimärkte. Früher verkauften die Kinder an diesem Tag ihr altes Spielzeug, doch mittlerweile mischen auch die Erwachsenen mit Hausrat, ausgedienten Kleidungsstücken und anderem Trödel ordentlich mit. Am beliebtesten ist der *Amsterdamer Freimarkt.* Um dort einen guten Platz zu ergattern, verbringen viele die Nacht zum 30. April mit Sack und Pack im Freien.

Fast ebenso populär ist das ★ *Sinterklaasfeest* am 5. Dezember. Der holländische Nikolaus kommt mit dem Schiff aus Spanien und wird von einer Schar schwarz geschminkter Gehilfen im Mohrenkostüm *(zwarte pieten)* begleitet. Der Einzug von *Sinterklaas* in seinem purpurnen Gewand wird jedes Jahr live vom Fernsehen übertragen. Alle holländischen Kinder freuen sich auf den Nikolausabend *(pakjesavond)* und die Geschenke. Dabei geht es weniger um teure Inhalte als vielmehr um eine originelle Verpackung, die *surprise:* Je kleiner das Geschenk, desto aufwändiger wird es eingepackt. Eine echte *surprise* wird traditionell mit einem selbst verfassten, meist witzigen Gedicht überreicht.

Im September zieht der Aalsmeerer Blumenkorso durch Amsterdam

1. Januar: *Neujahrstag*
März/April: *Karfreitag* und *Oster-*

MARCO POLO TIPPS FÜR FESTE

1 Koninginnedag
Wenn die Holländer Ende April ihre Königin feiern, fließt das Bier in Strömen (Seite 27)

2 Tulpenshow im Keukenhof
Eine Augenweide – nicht nur für Hobbygärtner – im Blumenhof bei Lisse (Seite 28)

3 Einzug von Sinterklaas
Der niederländische Nikolaus kommt aus Spanien und bringt Pfeffernüsse und Geschenke mit (Seite 27)

4 Holland Festival
Drei Wochen Tanz, Theater, Oper und Film in Amsterdam (Seite 28)

montag (viele Geschäfte sind geöffnet)
30. April: *Koninginnedag,* Nationalfeiertag
4. Mai: *Dodenherdenking* (nationaler Gedenktag für die Opfer des Zweiten Weltkrieges)
5. Mai: *Bevrijdingsdag* (nationaler Gedenktag zur Befreiung von der deutschen Besatzung; nur alle fünf Jahre ein offizieller Feiertag)
Mai: *Christi Himmelfahrt*
Mai/Juni: *Pfingstmontag* (viele Geschäfte sind geöffnet)
25./26. Dezember: *Weihnachten*

FESTE UND VERANSTALTUNGEN

Eine Liste mit den genauen Daten wird jedes Jahr von der Niederländischen Fremdenverkehrszentrale (NBT) herausgegeben.

Januar

Internationales Filmfestival in Rotterdam

Nieuwjaarsduik Scheveningen: Neujahrsschwimmen in der Nordsee

Februar

Internationaler *Vogelmarkt* in Zwolle

Februar/März

Carnaval in Maastricht und anderen Orten im Süden

März

★ *Blumenausstellung* im Keukenhof in Lisse (bis Mai)

Antiquitätenmesse *The European Fine Art Fair* in Maastricht

April

Am 30. April *Vrijmarkt* in Amsterdam

World Press Photo in Amsterdam

Blumenkorso von Noordwijk nach Haarlem

Mai

Bevrijdingsfestival am 5. Mai mit Popmusik an diversen Orten

Nationale Molendag: Viele Windmühlen im ganzen Land können am zweiten Maisamstag besichtigt werden.

Dichterfestival *Poetry International* in Rotterdam

Flaggetjesdag in Scheveningen: Auftakt der Heringssaison

Juni

Zahlreiche kulturelle Veranstaltungen im Rahmen des ★ *Holland Festivals* in Amsterdam

Motorradrennen *Dutch TT* in Assen

◉ *Oerol-Festival* Terschelling: Straßentheater auf der Insel

Ronde van Texel: die größte Katamaranregatta der Welt

Scheveningen International Sand Sculpture Festival: Europäische Teams bauen bis zu 5 m hohe Sandgebilde

Gratispopfestival ✝ *Parkpop* am letzten Juniwochenende in Den Haag

Juli

Skûtsjesilen, Segelregatten mit traditionellen Schiffen an verschiedenen Orten in Friesland

North Sea Jazz Festival am zweiten Juliwochenende in Den Haag

August

Prinsengrachtkonzert am dritten Augustwochenende in Amsterdam: klassische Musik auf dem Wasser

Bücherstände über eine Länge von 5 km auf dem *Boekenmarkt* in Deventer

Gondelvaart: Beleuchtete Gondeln fahren auf den Dorfkanälen in Giethoorn.

Mosseldag: Beginn der Muschelsaison in Yerseke

September

Open Monumentendag: Landesweit öffnen ca. 3000 denkmalgeschützte Häuser ihre Pforten.

Konzerte auf der berühmten Müllerorgel (1738) in Haarlem

Blumenkorso am ersten Samstag von Aalsmeer nach Amsterdam

Oktober

Pop und Poesie auf dem *Crossing Border Festival* in Den Haag

Comics für Jung und Alt bei den *Stripdagen* in 's-Hertogenbosch

Zuidlaardermarkt, ein großer Pferde- und Rindermarkt am dritten Donnerstag in Zuidlaren bei Groningen

Dezember

Weihnachtsmarkt in Lemmer am IJsselmeer

Dreckrennen und Hausbootregatta

Als Zeugen vergangenen Ruhms liegen in den Häfen der Seefahrernation Holland noch immer unzählige traditionelle Segelschiffe vertäut. Ein großer Teil dieser Flotte wird im Sommer samt Skipper und Mannschaft an Touristen vermietet. Daneben werden mit den alten Frachtbooten zahlreiche Regatten gefahren. Die wohl berühmteste Veranstaltung ist das *Skûtsjesilen* in Friesland. Beliebt ist außerdem das *strontrace* (Dreckrennen): Früher wurde auf flachen Transportschiffen Mist aus Friesland in den Bollenstreek, den Tulpengürtel zwischen Leiden und Den Haag, transportiert. Die Wettfahrt dauert zwei Tage, weil die ganze Strecke auch wieder zurückgesegelt werden muss. Damit es weniger stinkt, wird heutzutage allerdings Stroh statt Mist verwendet. Eine andere tolle Attraktion ist die Hausbootregatta auf dem Nordseekanal von IJmuiden nach Amsterdam. Im Gegensatz zu den Wettfahrten in Friesland geht's hier aber vor allem um Spaß und Gesellichkeit.

Dynamik und Beschaulichkeit

Hollands pulsierendes Ballungszentrum mit alten Städten, moderner Architektur und idyllischen Grachten

Die drei größten Städte der Niederlande, Amsterdam, Den Haag und Rotterdam, liegen alle in der so genannten Randstad, dem Ballungsraum im Westen der Niederlande, der sich von der Nordsee-Küste bis Utrecht und Hilversum erstreckt. Hier wohnt über ein Drittel der niederländischen Bevölkerung, die insgesamt knapp 16 Mio. Menschen zählt. Damit gehört dieses Gebiet zu den am dichtesten besiedelten Landstrichen der Welt.

Obwohl die Randstad nur etwas mehr als zehn Prozent der Gesamtfläche einnimmt, laufen

Bei schönem Wetter sorgen die vielen Caféterrassen an der Oude Gracht für mediterrane Atmosphäre in Utrecht

hier alle Fäden zusammen: Nicht nur Regierung und Königin, sondern auch die meisten großen Firmen residieren in der Randstad – selbst der Elektronikmulti Philips hat seine Chefetage von Eindhoven nach Amsterdam verlegt. Die Start- und Landebahnen von Schiphol, dem größten Flughafen des Landes, liegen in der Nähe von Amsterdam. In der Medienstadt Hilversum befinden sich zahlreiche Funk- und Fernsehstudios. Darüber hinaus weist die Randstad die höchste Konzentration an Museen, Theatern und anderen Kultureinrichtungen auf.

Die urbanen Ballungszentren der Randstad gruppieren sich um das so genannte *groene hart* (grüne Herz) herum. Dieses ausge-

---

Hotel- und Restaurantpreise

Hotels
Kategorie 1: über 260 hfl
Kategorie 2: 150 bis 260 hfl
Kategorie 3: bis 150 hfl

Die Preise gelten für ein Doppelzimmer mit Frühstück.

Restaurants
Kategorie 1: über 50 hfl
Kategorie 2: 35 bis 50 hfl
Kategorie 3: bis 35 hfl

Die Preise gelten für ein Hauptgericht ohne Getränke.

dehnte Gebiet mit Seen, Flüssen, Kanälen und grasenden Kühen bildet einen markanten Kontrast zu den dicht besiedelten Städten. In dieser ländlich anmutenden Gegend suchen die gestressten Städter am Wochenende auf Fahrrädern, Schlittschuhen, zu Fuß oder auf Inlineskates Erholung. Wie lange sie dort noch Ruhe finden werden, ist indes ungewiss: Immer wieder hört man von Plänen zur Erschließung dieses Naherholungsgebietes für neue Wohnungen und neue Infrastruktur – und ebenso von entsprechenden Protesten der Umwelt- und Naturschützer. Eines dürfte inzwischen allerdings sicher sein: In naher Zukunft soll der Hochgeschwindigkeitszug, der Brüssel mit Amsterdam verbindet, durch dieses Idyll rasen.

AMSTERDAM

☛ Stadtplan auf Seite 126/127

(116/C 2–3, 117/D 2–3) Die niederländische Hauptstadt (720 000 Ew.) hat sich in den letzten Jahren zur touristisch viertwichtigsten Stadt in Europa gemausert. Der historische Grachtengürtel, die zahlreichen Museen, aber auch das multikulturelle Flair und eine fast mediterrane Atmosphäre üben eine große touristische Anziehungskraft aus. Am besten lernen Sie Amsterdam natürlich auf einem Spaziergang

MARCO POLO TIPPS FÜR DIE RANDSTAD

1 Museum Boijmans van Beuningen in Rotterdam
Moderne Kunst von Picasso und Dalí bis Matisse und Kandinsky (Seite 50)

2 Hortus Botanicus in Leiden
Grüne Oase mitten in der Stadt. Hier blühte Hollands erste Tulpe (Seite 46)

3 Oude Gracht in Utrecht
Direkt am Wasser sitzen und den Blick über die stattlichen Herrenhäuser schweifen lassen (Seite 54)

4 Schifffahrtsmuseum in Amsterdam
Die Seefahrernation und ihre Schiffe sollten Sie sich auf keinen Fall entgehen lassen (Seite 34)

5 Madurodam in Den Haag
Das Miniatur-Holland ist ganz besonders schön, wenn es abends beleuchtet wird (Seite 38)

6 Mauritshuis in Den Haag
Weltberühmte alte Kunst, z. B. Vermeers »Ansicht von Delft« (Seite 39)

7 Teylers Museum
Das älteste Museum der Niederlande ist voll gestopft mit Kuriositäten (Seite 44)

8 Kubushäuser in Rotterdam
Wie man in einem Würfel lebt, sehen Sie im Kijk Kubus (Seite 49)

9 Windmühlen in Kinderdijk
Bilderbuch-Holland: 19 Mühlen in Reih und Glied (Seite 43)

durch den Grachtengürtel kennen – oder bei einer Rundfahrt auf den Grachten.

Ausführliche Informationen finden Sie im MARCO POLO Band »Amsterdam«.

BESICHTIGUNGEN

Begijnhof (126/C 3–4)
Besuchen Sie diese Oase der Ruhe, wenn Sie sich vom Stadtrummel etwas erholen möchten. Früher lebten in diesen typischen Grachtenhäuschen, die um eine Kirche gruppiert sind, Nonnen, die sich um Kranke kümmerten und den Armen Unterricht erteilten. Nummer 34 mit dem hölzernen Vorgiebel gilt als ältestes Haus von ganz Amsterdam. Es stammt von ca. 1420. *Spui*

Bloemenmarkt
(Blumenmarkt) (126/C 4)
Schon seit dem 19. Jh. wird auf den schwimmenden Frachtkähnen, die an der Singel vertäut liegen, der Blumenmarkt abgehalten. *Mo–Sa 9.30–17 Uhr, Singel*

Homomonument
(Schwulendenkmal) (126/B 2)
Das rosarote Dreieck an der Keizersgracht hinter der Westerkerk ist dem Andenken an die homosexuellen Opfer im Zweiten Weltkrieg gewidmet. Amsterdam war übrigens die erste Stadt mit einem solchen Denkmal; andere sind inzwischen dem Beispiel gefolgt.

Magere Brug (127/D 5)
Von den etwa 1400 Amsterdamer Brücken ist diese weiße Klappbrücke vielleicht die berühmteste. Die heutige Brücke datiert aus 1969; sie ist etwas breiter als das Original von 1670. Der Brückenwärter öffnet sie etwa alle 20 Minuten, um Schiffe passieren zu lassen *Amstel*

Vondelpark (126/A 6)
◉ Die größte und schönste grüne Lunge von ganz Amsterdam. Der 8 ha große Park wurde vom Landschaftsarchitekten Jan David Zocher gestaltet und 1865 eröffnet. Besonders am Sonntag ist er ein beliebtes Ausflugsziel für Familien, die mit Kind und Kegel ein Picknick veranstalten, Fußball spielen oder einfach nur in der Sonne sitzen. In den Sommermonaten gibt es nachmittags und abends von Mi bis So Gratiskonzerte beim *Openluchttheater. Stadhouderskade*

Westerkerk (126/B 2)
Mit seinen 85 m ist der ✹ Turm der Westerkerk der höchste von ganz Amsterdam. Der mühselige Aufstieg lohnt sich: Von oben haben Sie eine prächtige Aussicht auf den Grachtengürtel. *April bis Sept. tgl. 10–16 Uhr, 3 hfl, Prinsengracht 281*

MUSEEN

Ajax-Museum (O)
Im Volksmund heißt das neue Stadion Amsterdam ArenA im Amsterdamer Südosten »Römertopf« oder »Fliegende Untertasse«. Hier trägt der Fußballclub Ajax seine Heimspiele aus. Im integrierten Ajax-Museum kann man sich von vergangenem Ruhm überzeugen: Pokale, Bilder, Videos mit den wichtigsten Toren und altgediente Fußballschuhe. *Tgl. 10–18 Uhr (geschl. bei Ajax-Heimspielen), 12,50 hfl, Arena Boulevard 3*

Amsterdams Rijksmuseum beherbergt Hollands größte Kunstsammlung

Anne-Frank-Huis (126/B 2)

Der Bücherschrank, der als Drehtür zum Versteck der jüdischen Bewohner im *achterhuis* (Hinterhaus) führte, ist noch genauso erhalten wie die Zeitungsausschnitte, mit denen Anne ihr Zimmer schmückte. *Tgl. 9–19 Uhr, 10 hfl, Prinsengracht 263*

Hash Marihuana
Hemp Museum (127/D 3)

Die Geschichte der weichen Droge von den indischen Göttern bis zu den holländischen Kiffern, säuberlich in Glasvitrinen sortiert. *Tgl. 11–22 Uhr, 8 hfl, Oudezijds Achterburgwal 148*

Madame Tussaud's
Scenerama (126/C 3)

Johan Cruyff, Ruud Gullit und Linda de Mol im Wachsfigurenkabinett! *Tgl. 10–17.30, Juli/Aug. 9.30–19.30 Uhr, 19,50 hfl, Dam 20*

New Metropolis (127/F 3)

Das Gebäude dieses kinderfreundlichen Technologiezentrums erinnert an ein futuristisches Schiff. Von der ✹ Terrasse auf dem Dach haben Sie eine wunderbare Aussicht über die Stadt. *Di–So 10–17 Uhr, 25 hfl, Oosterdok 2*

Rijksmuseum (126/B 5–6)

Größtes Museum der Niederlande mit einer sehr umfangreichen Sammlung der holländischen Meister aus dem 17. Jh. und vielen anderen Kunstschätzen. *Tgl. 10–17 Uhr, 15 hfl, Stadhouderskade 42*

Scheepvaartmuseum (127/F 3)

★ Das Schifffahrtsmuseum beherbergt eine riesige Sammlung von alten nautischen Instrumenten und Salonbooten. Die vor dem Museum vertäute Amsterdam, die Originalnachbildung eines Ostindien-Fahrers, kann auch besichtigt werden. *Di–So (im Sommer tgl.) 10–17 Uhr, 14,50 hfl, Kattenburgerplein 1*

Stedelijk Museum (126/A–B 6)

Moderne Kunst von Cézanne und Picasso über Mondrian bis

Chagall und Matisse. *Tgl. 11–17 Uhr, 10 hfl, Paulus Potterstraat 13*

Van-Gogh-Museum (126/B 6)
Zahllose Gemälde und 500 Zeichnungen des großen Malers finden Sie in diesem modernen, hellen Haus am Museumplein. *Tgl. 10–18 Uhr, 12,50 hfl, Paulus Potterstraat 7*

RESTAURANTS

Amsterdam (O)
♻Caférestaurant im ehemaligen Turbinenhaus der alten Wasserwerke. Internationale Küche. *Tgl., Watertorenplein 6, Tel. 020/682 26 66, Kategorie 2–3*

Les Landes (O)
Dieses in einem einfachen südländischen Stil eingerichtete Lokal befindet sich gleich hinter dem Albert-Cuyp-Markt. Gepflegte französische Landküche. Reservieren! *Mittags und Mo geschl., Daniël Stalpertstraat 93–95, Tel. 020/679 50 92, Kategorie 2*

Liefhebber (127/D 3)
Mittelmeerküche in geselliger Atmosphäre mit zuvorkommender Bedienung. *Mittags geschl., Kloveniersburgwal 5, Tel. 020/ 420 04 18, Kategorie 2*

Orient (O)
Herrliches indonesisches Restaurant im vornehmen Stadtviertel Oud-Zuid. Jeden Mittwoch gibt's für 40 Gulden Reistafel – so viel Sie mögen. *Mittags geschl., Van Baerlestraat 21, Tel. 020/673 49 58, Kategorie 2*

Szmulewicz (127/D 4)
Gemütliches *eetcafé* in einer Seitengasse gleich hinter dem Rem-

brandtsplein. *Mittags geschl., Bakkersstraat 12, Tel. 020/620 28 22, Kategorie 3*

CAFÉS

Brakke Grond (126/C 3)
Theatercafé hinter dem Dam, abseits des großen Rummels. *Tgl. 11.30–1 Uhr, Nes 43*

De Jaaren (126/C 4)
⚘Modernes Grandcafé mit hohen Räumen und einer ==tollen Terrasse am Wasser.== Großer Lesetisch mit internationalen Zeitungen. *So–Do 10–1 Uhr, Fr/Sa 10–2 Uhr, Nieuwe Doelenstraat 20–22*

Vertigo (126/A 5)
Hübsches Café im Gebäude des Filmmuseums im Vondelpark. Sonntags mit Jazzbrunch. Im Sommer kann man im Schatten der Kastanienbäume sitzen. *Tgl. 11–1 Uhr, Vondelpark 3*

VOC Café (127/D 2)
Schnuppern Sie Seeluft in diesem gemütlichen Café, das in einem der ehemaligen Festungstürme untergebracht ist. Der Turm stammt von 1480. *Mo–Fr 10–2, Sa/So 10–3 Uhr, Prins Hendrikkade 94*

EINKAUFEN

Die wichtigsten Einkaufsstraßen sind die Fußgängerzonen *Kalverstraat* und *Nieuwendijk*. Die eleganteste Konsummeile ist die *P. C. Hooftstraat* beim Rijksmuseum im vornehmen Stadtteil Oud-Zuid. In den Quersträßchen des Grachtengürtels finden Sie zahlreiche kleine Geschäfte, Boutiquen und Designwerkstätten mit einem überaus vielfältigen Angebot.

Hiernaast (126/C 2)
Exquisite Wohnaccessoires aus eigener Produktion, aber auch Secondhandsachen. *Herengracht 30*

Kitsch Kitchen (126/A 3)
Küchen- und Einrichtungsartikel in schrillen Farben. Der Laden kann dem Vergleich mit einem mexikanischen Markt problemlos standhalten. *Eerste Bloemdwarsstraat 21*

Magna Plaza (126/C 3)
Im ehemaligen Hauptpostamt auf dem Dam ist heute eine ultramoderne Shoppingmall untergebracht.

ÜBERNACHTUNG

Ambassade (126/B 3)
Das Hotel besteht aus zehn alten Grachtenhäusern. Zuvorkommender Service und tolle Aussicht aufs Wasser. Frühzeitig reservieren! *59 Zi., Herengracht 335–353, Tel. 020/626 23 33, Fax 624 53 21, Kategorie 1*

Budget Hotel Arena (O)
Kulturzentrum und Jugendherberge mit Doppelzimmern in einem. Viele Rucksacktouristen. *120 Zi., 's-Gravesandestraat 51, Tel. 020/694 74 44, Fax 663 26 49, Kategorie 3*

Eureka Hotel
Amsterdam House (126/C 4)
Das weiße Haus mit den rosa Geranien auf den Fenstersimsen ist nur eine Minute vom Rembrandtsplein entfernt. Schöner Blick auf die Amstel. Das Hotel vermietet auch Studios, Woh-

nungen und Wohnboote im Zentrum. *16 Zi., 's-Gravelandseveer 3–4, Tel. 020/624 66 07, Fax 624 13 46, www.amsterdamhouse. com, Kategorie 1*

AM ABEND

In der Innenstadt, vor allem rund um den *Leidse-* und den *Rembrandtsplein,* gibt es zahlreiche Bars, Kneipen, Diskos und Musikcafés, die bis tief in die Nacht geöffnet sind.

Buurvrouw (126/C 3)
Sehr populärer, alternativer Treff für Jung und Alt. *So–Fr 20–2, Sa 20–3 Uhr, St. Pieterpoortsteeg 29*

Escape Venue (127/D 4)
Die Indisko am Rembrandtsplein. Lange Warteschlangen am Eingang sind keine Seltenheit. *Fr/Sa 22–5, So 22–4 Uhr, Rembrandtsplein 11*

Melkweg (126/B 5)
Legendäres Jugendzentrum gleich hinter dem Leidseplein mit Café, Kino, Konzertsaal und Ausstellungsraum. Das Melkweg ist vor allem für seine Konzerte berühmt (Karten meist nur im Vorverkauf). Am Wochenende nach den Konzerten oft Disko. *Mi–So 14–21 Uhr, je nach Veranstaltung auch länger, Lijnbaansgracht 234a*

Odeon-Theater (126/B 4)
Im ehemaligen Theatercafé wird heute getanzt – je nach DJ von House bis Sechzigerjahre. *So–Do 23–4, Fr/Sa 23–5 Uhr, Singel 460*

Tuschinski (126/C 4)
Beliebtestes Kino der Stadt. In diesem Art-déco-Bau finden

viele Premieren großer amerikanischer Filme statt. *Reguliersbreestraat 26*

Vergulde Gaper (126/B 2)
Im Sommer kann man an der Gracht sitzen, im Winter lädt das gemütliche Sofa zum Verweilen ein. Stammkneipe der Grachtenanwohner. *So–Do 10–1, Fr/Sa 10–2 Uhr, Prinsenstraat 30*

Winston Kingdom (127/D 2)
⚡ Coole Bar, die von Bohemiens, Künstlern und Touristen besucht wird. *So–Do 21–3, Fr/Sa 21–4 Uhr, Warmoesstraat 129*

AUSKUNFT

*Stationsplein 10 (***127/D 1–2***) und Leidseplein 1 (***126/B 5***), Tel. 0900/ 400 40 40, Fax 020/625 28 69, www.visitamsterdam.nl*

ZIELE IN DER UMGEBUNG

Aalsmeer (116/C 3)
Auf dieser größten niederländischen Blumenauktion werden täglich 18 Mio. Schnittblumen und 2 Mio. Topfpflanzen versteigert. 80 Prozent davon sind fürs Ausland bestimmt. *Mo–Fr 7.30 bis 11 Uhr, 7,50 hfl, Bus 172 ca. 40 Min. ab Hauptbahnhof Amsterdam*

Marken (117/D 2)
In diesem pittoresken Fischerdorf mit kleinen, grünen Holzhäuschen und hübschem Hafen können Sie eine Prise des alten Hollands schnuppern. Im Sommer ziehen die Frauen hier (für die zahlreichen Touristen) ihre Tracht an. Marken ist über einen 2 km langen Deich mit dem Festland verbunden. In der warmen Jahreszeit ist es ein beliebtes Aus-

flugziel unter Amsterdamer Radlern. *Bus 110 ca. 30 Min. ab Hauptbahnhof Amsterdam*

Zaanse Schans (116/C 2)
In diesem (bewohnten!) Museumsdorf mit Käsehaus und dem ersten Krämerladen der Supermarktkette Albert Heijn sieht man eine ganze Reihe von alten Mühlen. Eine Idylle, die aus einem Bild von Vermeer stammen könnte. *April–Sept. tgl. 8.30 bis 18.30, Okt.–März 8.30–17.30 Uhr, kein Eintritt*

DEN HAAG

☛ Stadtplan in der hinteren Umschlagklappe

(**116/A 4**) Der Regierungssitz Den Haag hat noch immer den Ruf, vornehm und langweilig zu sein. Dabei hat sich die drittgrößte Stadt des Landes (440 000 Ew.) mit ihren zahlreichen Palais und Palästen in den letzten Jahren enorm gewandelt. Rund um den Hauptbahnhof sind viele neue Bürotürme entstanden, und wer bis zum Danstheater am Spui spaziert, sieht es auf Schritt und Tritt: Den Haag scheut Veränderungen nicht.

Offiziell heißt Den Haag eigentlich 's-Gravenhage. Dieser Name geht auf den Jagdsitz zurück, den die Grafen von Holland hier einst im Zentrum hatten. Seit mehr als 500 Jahren dient Den Haag Herrschern und Regenten als Hauptsitz. Auch heute residieren Regierung, Parlament und Königin hier, ferner viele Botschaften und Organisationen wie der Internationale Gerichtshof, Europol oder das Kriegsverbrechertribunal der Uno für Exjugoslawien. Die Mischung aus Beamten und Diplomaten verleiht der Stadt einen Hauch von Internationalität, die man auch auf den Plätzen oder in den eleganten Geschäften spürt.

Zu Den Haag gehört der ehemalige Fischerhafen ✝ *Scheveningen,* den Sie bequem vom Zentrum aus in etwa 20 Minuten mit der Straßenbahn erreichen. Hier flanieren Einheimische und Besucher auf dem Strandboulevard. Dutzende von Kneipen und Restaurants, von denen man eine tolle Sicht aufs Meer hat, laden zur Einkehr ein.

BESICHTIGUNGEN

Binnenhof (U/D 4)

In all den Jahrhunderten war der Binnenhof der Mittelpunkt des politischen Geschehens in den Niederlanden. Noch heute tagt dort, wo einst Schlösser und Paläste der Grafen von Holland standen, das niederländische Parlament – allerdings in einem gläsernen Neubau, der die historischen Gebäude überragt. Beim Westeingang finden Sie ein altes Schloss mit einem großen Festsaal, dem *Ridderzaal.* Immer am dritten Dienstag im September, dem Prinsjesdag, fährt die königliche Familie in der Goldkutsche vor. Dann verliest Königin Beatrix im Ridderzaal vor den Regierungs- und Parlamentsmitgliedern die Thronrede: eine vom Kabinett verfasste Ansprache mit dem Regierungsprogramm des kommenden Jahres. Der Ridderzaal und viele andere Gebäude des Binnenhofs können besichtigt werden, allerdings nur im Rahmen einer Führung und wenn in den Räumen nicht getagt wird. *Mo–Sa 10–15.45 Uhr, durchschnittlich eine Führung pro* Stunde, reservieren (Tel. 070/ 364 61 44), 7,50 hfl

Madurodam (O)

★ Deiche, Windmühlen, den Königlichen Palast auf dem Dam in Amsterdam und all die anderen Gebäude und Anlagen, für die die Niederlande berühmt sind, finden Sie in diesem Miniholland im Maßstab 1:25 nachgebaut. Zwischen den Häusern fahren kleine Züge, und auf den Kanälen verkehren Minilastkähne und -rundfahrtboote. Holland en miniature ist auch am Abend sehenswert. Dann wird das ganze Gelände nämlich mit 50 000 Lampen beleuchtet. *März Juni tgl. 9 21, Juli/Aug. 9–23, Sept.–Feb. 9–18 Uhr, 19,50 hfl, Haringkade 175*

Omniversum Spacetheater (O)

In Europas erstem Spacetheater, einer Kreuzung aus Planetarium und futuristischem Kino, kann man sozusagen die Töne fühlen, denn die dreidimensionale Projektion wird von Sechsspur-Stereoklängen begleitet. *Mo–Sa 11–21, So 10–21 Uhr, 17,50 hfl, President Kennedylaan 5*

Oude Stadhuis (U/C 5)

Über dem Portal des aus dem 16. Jh. stammenden Rathauses im Renaissancestil prangt das Wappen von Den Haag. Oben in der reich verzierten Fassade kann man den lateinischen Spruch »Ne Jupiter Quidem Omnibus« (»Selbst Jupiter kann es nicht jedem recht machen«) lesen. *Groenmarkt*

Panorama Mesdag (U/C 3)

Hier können Sie sich ein Bild davon machen, wie es im ehe-

In der Miniaturstadt Madurodam ist Holland auf Kindergröße verkleinert

maligen Fischerdorf 1880 ausgesehen haben muss. Dank einer zylinderförmigen Leinwand bekommen Sie ein spektakuläres 120-m-Rundpanorama zu sehen. *Mo–Sa 10–17, So 12–17 Uhr, 7,50 hfl, Zeestraat 65*

Vredespaleis (Friedenspalast)   (U/A 2)

Dort wo zwischen den Weltkriegen der Völkerbund tagte, der Vorläufer der Uno, haben heute der Internationale Gerichtshof sowie eine Akademie für Völkerrecht ihren Sitz. *Nur im Rahmen einer Führung zu besichtigen. Mo–Fr 11, 14 und 15 Uhr, reservieren (Tel. 070/302 42 42), 5 hfl, Carnegieplein 2*

MUSEEN

Beelden aan Zee   (O)

Eindrucksvolle Skulpturensammlung zeitgenössischer Bildhauerkunst. Vom schönen *Zeezaal* (Meeressaal) haben Sie eine wunderbare Aussicht auf

Meer und Dünen. *Di–So 11–17 Uhr, 7,50 hfl, Scheveningen, Harteveltstraat 1*

Haags Gemeentemuseum   (O)

Stolz des Museums sind die vier Säle mit Werken von Piet Mondrian. Im gleichen Haus gibt es außerdem eine Galerie, in der wechselnde Modeausstellungen stattfinden, sowie Haager Silber, Delfter Porzellan und eine große Musikabteilung mit traditionellen europäischen Instrumenten. *Di–So 11–17 Uhr, 10 hfl, Stadhouderslaan 41*

Mauritshuis   (U/D 4)

★ Dieses bedeutende Museum, das auch *Koninklijk Kabinet van Schilderijen* (Königliches Gemäldekabinett) genannt wird, steht in unmittelbarer Nähe zum *torentje*, dem Büro des Ministerpräsidenten neben dem Parlamentsgebäude. In dem Palais aus dem 17. Jh. finden Sie eine feine Kollektion von holländischen und flämischen Meistern. Die berühmtesten Bilder sind Rembrandts »Anatomische Lektion von Dr. Nicolaes Tulp«, die »Ansicht von Delft« von Jan Vermeer sowie die »Ansicht von Haarlem« von Jacob van Ruisdael. *Di–Sa 10–17, So 11–17 Uhr, 12,50 hfl, Korte Vijverberg 8*

Museon (O)

Vor Ihren Augen entfaltet sich hier eine faszinierende Geschichte in Wort, Foto und Film über den Menschen und seine Welt. In diesem populärwissenschaftlichen Museum finden Sie alles über Kommunikation und Computer, ferne Länder und Kulturen, Wissenschaft und Technik, Weltall und Planeten. *Di–Fr 10–17, Sa/So 12–17 Uhr, 10 hfl, Stadhouderslaan 41*

National Sea Life (O)

Erstaunlich, was in der Nordsee so alles lebt! Haie, Rochen, Quallen – in diesem »Unterwassermuseum« mit tropischem Riff sind die Meeresbewohner fast zum Anfassen nah. *Tgl. 10–18, Juli/Aug. 10–20 Uhr, 15,50 hfl, Scheveningen, Strandweg 13*

RESTAURANTS

Bij Mij (U/C 5)

❂ Die französisch inspirierten Gerichte, die die beiden Wirte Eric und Eric in ihrem Restaurant im Herzen der Stadt servieren, schmecken vorzüglich. Lassen Sie sich auch von dem Sortiment in der außergewöhnlichen Teedose überraschen! *Tgl., Nobelstraat 13, Tel. 070/345 40 17, Kategorie 2–3*

Restaurant Bogor (O)

Authentisches indonesisches Restaurant in einem Haager Rei-

henhaus, etwas außerhalb des Zentrums. *Mittags geschl., Van Swietenstraat 2, Tel. 070/346 16 28, Kategorie 3*

Danton (U/E 6)

Am Ufer der hübschesten Gracht in Den Haag. Das Interieur ist klar und ohne Schnörkel, die Küche originell und exquisit und die Bedienung aufmerksam. *Mittags geschl., Groenewegje 115, Tel. 070/380 19 86, Kategorie 2*

Max (U/C 4)

Informell und trendy. Am Montag kocht die Mutter von Max indonesisch, ansonsten kommt leicht italienisch angehauchte Küche auf den Tisch. *Mittags geschl., Prinsenstraat 42a, Tel. 070/427 61 68, Kategorie 3*

Reeder's Erf (O)

Das Essen schmeckt herrlich in diesem Restaurant mit großer Terrasse im Hafen von Scheveningen. Reiche Auswahl an Fischgerichten. *Tgl., Schokkerweg 37, Tel. 070/350 50 23, Kategorie 1*

St. Pieter Eten en Drinken (U/B 4)

Die Geschwister Gabrielle und Sjef empfangen Sie zwischen Heiligenbildern und lassen Sie in einem alten Zugcoupé Platz nehmen. Ungewöhnlich, aber lecker. Im Sommer können Sie auf der Dachterrasse essen. *Mittags und Mo geschl., Pieterstraat 10, Tel. 070/364 86 86, Kategorie 2*

CAFÉS

In der Haager Innenstadt gibt es zahlreiche Cafés, und auf dem Scheveninger Boulevard finden Sie eins neben dem andern.

Boterwaag (U/C 5)

Traditionelles Café (und Restaurant) am historischen Marktplatz. Das Haus stammt aus dem Jahr 1681. Im großen, offenen Raum hängt eine alte Waage. *So–Do 10–1, Fr/Sa 10–1.30 Uhr, Grote Markt 8a*

Café Greve (U/C 5)

Das mondäne Café wurde nach dem Architekten benannt, der (gleich nebenan) das erste Parkhaus der Niederlande gebaut hat. *So–Do 10–24 Uhr, Fr/Sa 10–1 Uhr, Torenstraat 138*

Posthorn (U/D 3)

❂ Renommiertes altes Haager Café gegenüber der amerikanischen Botschaft. Im Sommer sitzt man auf der Terrasse unter den Bäumen. *Tgl. 12–1 Uhr, Voorhout 39a*

EINKAUFEN

Haagse Passage (U/D 5)

Zwischen der Spuistraat und dem Buitenhof finden Sie den Glaskuppelbau der Haagse Passage mit zahlreichen Geschäften und Boutiquen.

ÜBERNACHTUNG

Hotel Atlanta Zee (O)

Einfaches, freundliches Hotel in unmittelbarer Nähe des Scheveninger Strandes. *44 Zi., Seinpostduin 24, Tel. 070/352 02 04, Fax 352 26 83, Kategorie 3*

Hotel des Indes Intercontinental (U/D 3)

Traditionsreiches Luxushaus im Herzen der Stadt. *76 Zi., Lange Voorhout 54–56, Tel. 070/363 29 32, Fax 345 17 21, Kategorie 1*

Hotel Petit (O)

Hübsches altes Haus ein paar Schritte vom Zentrum entfernt. *20 Zi., Groot Hertoginnelaan 12, Tel. 070/346 55 00, Fax 346 32 57, Kategorie 2*

AM ABEND

Während die Innenstadt kurz nach Mitternacht in einen Dornröschenschlaf fällt, geht es am Boulevard in Scheveningen noch lange hoch her.

Backstage (U/E 4)

Diskocafé mit wechselnden DJs. *Fr und Sa 22–5 Uhr, Lange Houtstraat 9*

The Hancor Club (O)

Bar und Disko in Scheveningen. *Do und So 23–4, Fr/Sa 23–5 Uhr, Badhuisweg 3*

Tahiti (O)

In dieser Disko am Strand kann's ganz schön heiß werden. *Do und So 23–4, Fr/Sa 22–4 Uhr, Strandweg 43*

AUSKUNFT

*Den Haag: Nassaulaan 25 (*U/C 2*) und Koningin Julianaplein 30 (*U/F 4*), Tel. 0900/340 35 05, Fax 070/361 79 15, www.denhaag.com; Scheveningen: Gevers Deynootweg 1134 (*O*), Tel. 0900/340 35 05, Fax 070/352 04 26*

ZIELE IN DER UMGEBUNG

Duinrell (116/A 4)

Dieser Wasserattraktionspark für die ganze Familie befindet sich im Wald- und Dünengebiet bei Wassenaar, rund 10 km nördlich von Den Haag. Mit einem Monorail können Sie sich von der Wasserrodelbahn zur Achterbahn befördern lassen. Spaß macht auch das tropische Tikibad, ein überdachter Wasserpark mit spektakulären Rutschbahnnen, Wasserballetten und einem Wellenbad. *April–Okt. tgl. 10–17, Tikibad bis 22 Uhr, 27,50 hfl*

Keukenhof (116/B 3)

Diesen Blumenpark finden Sie inmitten der Tulpenfelder in einer 28 ha großen Parkanlage bei Lisse. Er ist nur im Frühjahr offen, wenn die 6 Mio. Tulpen und andere Blumen blühen. Dieser Augenschmaus soll zu den drei am häufigsten fotografierten Sehenswürdigkeiten der Welt gehören. *Ende März bis Mitte Mai tgl. 8–19.30 Uhr, 18 hfl, Bus 54 ab Den Haag Centraal Station*

Wassenaar (116/A 4)

❀ Wenn Sie wissen möchten, in was für Häusern die reichen Holländer wohnen, können Sie sich in diesem etwa 10 km nördlich gelegenen Vorort von Den Haag einen guten Eindruck verschaffen.

DORDRECHT

(121/F 2–3) Am Zusammenfluss der Flüsse Merwede, Noord und Oude Maas liegt eine der ältesten Städte der Niederlande (119 000 Ew.). Diese günstige Verkehrslage bescherte dem rund 20 km südöstlich von Rotterdam gelegenen Ort vom 13. bis ins 16. Jh. üppige Zolleinnahmen. Vom ehemaligen Reichtum zeugen bis heute zahlreiche Patrizier- und Speicherhäuser. Die Gebäudefronten an den Kanälen gehören zu den schönsten in Holland.

BESICHTIGUNGEN

Groothoofdspoort

Das stattliche Tor am *wijnhaven* (Weinhafen) ist das letzte Überbleibsel der Stadtmauern aus dem Jahr 1326.

Grote oder Onze Lieve Vrouwekerk

Das Wahrzeichen der Stadt, die in der Nähe des Hafens liegende, spätgotische Onze Lieve Vrouwekerk, ist das einzige Gotteshaus in Holland, das kein hölzernes, sondern ein schweres, steinernes Gewölbe aufweist. Im Inneren der Kirche fallen hauptsächlich das geschnitzte, mit Bibelszenen geschmückte Chorgestühl aus dem Mittelalter und die Marmorkanzel auf. Der 70 m hohe ❀ Kirchturm mit den vier barocken Turmuhren hat sich im Lauf der Zeit gesenkt und steht schief. Er ist trotzdem zu besteigen. *April–Okt. Di–Sa 10.30–16.30, So 12–16 Uhr, Nov. und Dez. jeden 1. und 3. Sa im Monat, Turmbesteigung 2 hfl, Lange Geldersekade 2*

MUSEEN

Dordrechts Museum

Im ehemaligen städtischen Irrenhaus hängt eine Sammlung sehenswerter Gemälde von Dordrechter Künstlern aus dem 17. Jh., etwa Werke von Albert Cuyp, Nicolaes Maes und von dem Rembrandt-Schüler Ferdinand Bol. *Di–So 11–17 Uhr, 5 hfl, Museumstraat 40*

Simon-van-Gijn-Museum

Der ehemalige Bankier und Kunstsammler Simon van Gijn hat sein Wohnhaus aus dem 19.

Jh. der Stadt als Museum überlassen. Große Spielzeugsammlung. *Di–So 11–16 Uhr, 6,50 hfl, Nieuwe Haven 29*

RESTAURANTS

Bonne Bouche
In diesem historischen Haus kommen französische Landmenüs auf den Tisch. Trotz den weißen Tischtüchern ist die Atmosphäre ungezwungen. *Mo, Mi und Fr abends, Sa / So mittags, Di und Do ganz geschl., Groenmarkt 8, Tel. 078/614 05 00, Kategorie 1*

Jongepier
Gemütliches *eetcafé* im Zentrum, wo sowohl Fleisch- als auch zahlreiche Fischgerichte serviert werden. *Mo, Di und mittags geschl., Groothoofd 8, Tel. 078/613 30 31, Kategorie 2*

ÜBERNACHTUNG

Dordrecht
Ein freundliches, denkmalgeschütztes Herrschaftshaus am Hafen. *21 Zi., Achterhakkers 72, Tel. 078/613 60 11, Fax 613 74 70, Kategorie 2*

AUSKUNFT

Stationsweg 1, Tel. 078/613 28 00, Fax 613 17 83, http://vvv.iref.nl/zuid-holland-zuid

ZIEL IN DER UMGEBUNG

Kinderdijk (121 / F 2)
★ Gut 15 km nördlich von Dordrecht sehen Sie wie Bleisoldaten in Reih und Glied 19 denkmalgeschützte Windmühlen. Sie wurden im 18. Jh. gebaut und gehören heute zu den beliebtesten Touristenattraktionen des Landes. Einer Legende zufolge heißt der Ort so, weil nach einer Sturmflut eine Wiege mit einem Kind und einer Katze angespült worden sei. *April–Sept. tgl. 9.30 bis 17.30 Uhr, 2 hfl, Nederwaard 5*

HAARLEM

(116 / B–C 2) Die Hauptstadt der Provinz Noord-Holland am Fluss Spaarne ist ein hübscher, typisch holländischer Ort mit 148 000 Ew., der im Gegensatz zum benachbarten Amsterdam richtig gemütlich wirkt. Im historischen Zentrum rund um den

Im Juli und August sind die 19 Windmühlen von Kinderdijk in Betrieb

großzügig angelegten Marktplatz finden Sie zahlreiche alte *hofjes*, um intime Innenhöfe gruppierte Wohnanlagen. In der St. Bavokerk wurde Frans Hals begraben – er zählt neben Rembrandt und Vermeer zu den bedeutendsten holländischen Malern des Goldenen Zeitalters.

Grote oder St. Bavokerk

Die monumentale Kirche auf dem Marktplatz war ein beliebtes Sujet für Maler. Aber auch das Interieur hat viel zu bieten, etwa ein kupfernes Chorpult von 1499 und ein geschnitztes Chorgestühl aus dem 16. Jh. Daneben befindet sich die Grabstätte von Frans Hals. Das Prunkstück der Kirche ist die von 1738 stammende Orgel von Christian Müller. 1766 soll Mozart als Zehnjähriger hier gespielt haben. *Mo–Sa 10–16 Uhr, 2,50 hfl, Grote Markt*

Frans-Hals-Museum

Neben Werken des Malers finden Sie hier eine interessante Sammlung von Porträts und Stillleben aus dem 17. Jh. Prunkstücke sind allerdings die großen Regentenstücke von Frans Hals. *Mo–Sa 11–17, So 13–17 Uhr, 10 hfl, Groot Heiligland 62*

Teylers Museum

★ Der Seidenhändler Pieter Teyler van der Hulst war ein großer Kunstsammler und Liebhaber von alten Forschungsgeräten, Fossilien, Skeletten und Mineralien. Das Museum ist das älteste der Niederlande – es wurde bereits 1778 eröffnet. Bis heute ist

die damalige Atmosphäre in den tollen alten Räumen zu spüren. *Di–Sa 10–17, So 12–17 Uhr, 10 hfl, Spaarne 16*

Bistro Jacques

Herrliche Fischgerichte. *Mo geschl., Warmoesstraat 21, Tel. 023/ 532 23 98, Kategorie 3*

Bronkhorst & Bruyns

Exquisite Mittelmeerküche. Im hinteren Teil des großen Raumes sitzt man etwas intimer. *Sa-Mittag und So-Mittag geschl., Twijnderslaan 7–9, Tel. 023/531 07 17, Kategorie 1–2*

Fortyn

Hier können Sie mittags ein Brötchen mit Brennnesselkäse oder einen Nusssalat verzehren oder sich abends mit internationaler Küche stärken. Einladend: der offene Kamin und der großzügige Lesetisch. *Tgl., Grote Markt 23, Tel. 023/542 18 99, Kategorie 2*

Franzen

Sehr im Trend bei jungen Managern und Bankern. Französische Küche, aber auch Paella. *Mittags und So geschl., Kleine Houtstraat 44, Tel. 023/532 87 30, Kategorie 1*

Het Station

❂ Im Restaurant des sehenswerten Jugendstilbahnhofs werden im Herbst schmackhafte Wildgerichte serviert. *Tgl., Stationsplein 11, Tel. 023/531 72 52, Kategorie 2*

Carlton Square Hotel

Bequemes Hotel am Rand des Zentrums. *101 Zi., Baan 7, Tel.*

023/531 90 91, Fax 532 98 53, Kategorie 2

Proeflokaal In Den Uiver

Gemütliche Bar mitten in der Stadt. Donnerstags ab 21.30 und sonntags ab 17 Uhr spielt eine Jazzkapelle. *So–Do 15–2, Fr/Sa 15–4 Uhr, Riviervismarkt 13*

Sound

Disko im Zentrum. Die Musikpalette reicht von Siebzigerjahreoldies über House bis zu Rhythm 'n' Blues. Am Freitag spielt meistens eine Salsaband. *Do–So 22–5 Uhr, Lange Bogaardstraat 11*

AUSKUNFT

Stationsplein 1, Tel. 0900/616 16 00, Fax 023/534 05 37

ZIELE IN DER UMGEBUNG

Bloemendaal aan Zee   (116/B 2)

Rund um das vornehme Villendorf finden Sie die höchsten Dünen der Niederlande. Der 50 m hohe ✺ Aussichtspunkt ist an Wochenenden ein beliebtes Ziel für Radler und Wanderer. Amsterdamer Hippies und jugendliche Trendsetter zieht es dagegen an den ⚲ Strand von Bloemendaal: Man findet sie abends vor allem im <mark>Strandpavillon</mark> *Woodstock.*

IJmuiden   (116/B 2)

Hier mündet der 25 km lange Nordzeekanaal, der Amsterdam mit IJmuiden verbindet, ins Meer. Die Schleusenanlagen unweit der Hoogovens-Stahlwerke mit ihren qualmenden Schloten gehören zu den größten der Welt. Beim Spaziergang auf dem weit ins Meer ragenden Pier können Sie die ein- und ausfahrenden Ozeanriesen beobachten. Am frühen Morgen findet im Hafen die öffentliche Fischversteigerung statt.

Zandvoort   (116/B 2)

❁⚲ Am Wochenende tummelt sich halb Amsterdam auf dem breiten Sandstrand dieses Badeorts an der Nordsee. Leider ist das mondäne Seebad (16 000 Ew.) in den letzten Jahren mit hässlichen Apartmenthochhäusern verschandelt worden. Bekannt ist Zandvoort auch für die 4,2 km lange Autorennstrecke, auf der heute aber keine Formel-1-Wettbewerbe mehr ausgetragen werden. Abseits vom großen Baderummel finden Sie Erholung im nördlich von Zandvoort gelegenen *Nationalpark Kennemerduinen.*

Selbsthilfegruppe für Außerirdische

So abstrus ein Anliegen auch sein mag, in den Niederlanden wird immer gleich eine entsprechende Vereinigung gegründet. So hat die Stiftung Gegen Akustische Umweltverschmutzung genauso eine Daseinsberechtigung wie die Vereinigung der Schrägdach-Dachdecker oder der Club der Schaltjahrzwillinge. Ebenso selbstverständlich sind aber auch die Selbsthilfegruppe für Außerirdische oder die Vereinigung Verlegener Menschen.

LEIDEN

(116/B 4) Die pittoresken Grachten werden von dem durch Leiden fließenden Oude Rijn (Alter Rhein) gespeist und bilden zusammen mit den altehrwürdigen Plätzen und Straßen eine attraktive Szenerie. In dieser geschichtsträchtigen Stadt (117 000 Ew.), die einst das zweitwichtigste Zentrum der niederländischen Textilindustrie war, gibt es noch zahlreiche historische Bau- und Kunstdenkmäler. Sie überstanden die Jahrhunderte, weil sich die später relativ arm gewordene Bevölkerung keine Neubauten leisten konnte. 1575 gründete Wilhelm von Oranien hier die erste Universität der Niederlande. Außerdem wurden in Leiden die Maler Rembrandt van Rijn und Jan Steen geboren (das VVV-Büro organisiert Touren »Auf den Spuren von Rembrandt«). Eine Reise nach Leiden ist besonders im Frühling, wenn die Tulpen auf den Feldern rings um die Stadt blühen, überaus reizvoll.

BESICHTIGUNGEN

De Burcht

Auf diesem Hügel mit der Burg aus dem 11. Jh. suchte die Bevölkerung früher Zuflucht vor dem Wasser. Heute hat man von hier aus eine tolle Aussicht über die Stadt. *Mo–Sa 10–23, So 11–23 Uhr, kein Eintritt, Burgsteeg*

Hofjes

In der Innenstadt von Leiden gibt es zahlreiche malerische *hofjes* (Wohnhöfe). Das VVV-Büro organisiert Touren durch die *hofjes* der Stadt.

Hortus Botanicus

★ An der Rapenburg, einer der schönsten Grachten Hollands, liegt das Hauptgebäude der Universität. Gleich dahinter befindet sich der Botanische Garten, eine beliebte Oase der Ruhe mitten im Zentrum. Hier pflanzte Carolus Clusius 1593 die erste Tulpenzwiebel und legte so den Grundstein für das noch heute blühende Tulpengeschäft. *Mo–Sa 9–17, So 10–17 Uhr, kein Eintritt, Rapenburg 73*

Schuitje Vaart

Die Stadt und ihre zahlreichen Grachten können zwischen dem 1. Mai und 3. Oktober auch mit einem Rundfahrtboot besichtigt werden. *8,50 hfl, 2e Haverstraat 48*

St. Pieterskerk

Spätgotische Basilika mit einer Orgel von 1641. Verschiedene Gelehrte und Künstler haben hier ihre letzte Ruhestätte gefunden, unter anderem der Maler Jan Steen. Die Kirche wird heute vor allem für Ausstellungen und Veranstaltungen genutzt. *Tgl. 13.30 bis 16 Uhr, So um 15 Uhr Führungen, kein Eintritt, Kloksteeg 16*

MUSEEN

American Pilgrim Museum

Die Geschichte der Mayflower und der Pilgerväter, die einige Zeit in Leiden verbrachten, ehe sie das Schiff nach Amerika bestiegen. *Mi–Sa 13–17 Uhr, 5 hfl, Beschuitsteeg 9*

Modelbouwmuseum

Im Modellbaumuseum schlägt das Herz jedes Bastlers höher. Hier werden alle Facetten des Modellbaus ausgeleuchtet: Züge,

Häuser und Flugzeuge. *Di–Sa 10–17, So 13–17 Uhr, 7,50 hfl, Noordeinde 2a*

Rijksmuseum van Oudheden

Im Reichsmuseum für Altertümer können Sie archäologische Funde aus verschiedenen Teilen der Welt betrachten. *Di–Fr 10 bis 17, Sa/So 12–17 Uhr, 7 hfl, Rapenburg 28*

Rijksmuseum voor Volkenkunde

Das Reichsmuseum für Völkerkunde veranstaltet viele Wechselausstellungen, z. B. über die Ureinwohner Amerikas, und besitzt umfangreiche ethnologische Bestände aus nicht europäischen Ländern. *Di–Fr 10 bis 17, Sa/So 12–17 Uhr, 10 hfl, Steenstraat 1*

Stedelijk Museum De Lakenhal

Interessante Sammlung niederländischer Meister und viel Historisches über die Stadt. *Di–Fr 10–17, Sa/So 12–17 Uhr, 5 hfl, Oude Singel 32*

RESTAURANTS

Koetshuis de Burcht

Im ehemaligen Kutscherhaus der Burg werden herrliche Gerichte serviert, die im Sommer auch auf einer großen Terrasse serviert werden. *Tgl., Burgsteeg 13, Tel. 071/512 16 88, Kategorie 2*

Oudt Leiden

Echte holländische *pannenkoeken* auf echtem Delfter Porzellan gibt's in der Pfannkuchenabteilung dieses Hauses. Im Restaurant finden Sie eine reichhaltige Karte. *So-Mittag geschl., Steenstraat 51, Tel. 071/513 31 44, Kategorie 3*

Panacee

Schmackhafte Wild- und andere Spezialitäten, serviert in einer historischen Drogerie mit Aussicht auf die Grachten. *Tgl., Rapenburg 97, Tel. 071/566 14 94, Kategorie 1*

ÜBERNACHTUNG

Holiday Inn

Etwas abseits des Zentrums gelegenes Hotel. *188 Zi., Haagse Schouwweg 10, Tel. 071/535 55 55, Fax 535 55 53, Kategorie 1*

Hotel Nieuw Minerva

Freundliches Hotel unweit vom Zentrum, das aus einer ganzen Reihe alter Grachtenhäuser besteht. *34 Zi., Boommarkt 23, Tel. 071/512 63 58, Fax 514 26 74, Kategorie 2*

AM ABEND

Bacchus

Beliebtes Grand Café, in dem nicht nur Studenten verkehren. *So–Do 16–1, Fr/Sa 15.30–3 Uhr, Breestraat 49*

Danssalon in Casa

Disko mit abwechslungsreichem Programm: Am Donnerstag werden Siebziger- und Achtzigerjahrehits gespielt, Freitag und Samstag finden meist exklusive Tanzpartys statt, und die Sonntagsveranstaltung heißt »Salsamatinée«. *Do 22–3, Fr 23–4, Sa 22–4, So 17–21 Uhr, Lammermarkt 100*

Stadscafé van de Werff

Gemütliche Kneipe im Zentrum, die vor allem von Studenten stark frequentiert wird. *So–Fr 9–1, Sa 9–2 Uhr, Steenstraat 2*

Stationsweg 2d, Tel. 0900/ 222 23 33, Fax 071/516 12 27, www.leiden.nl

ZIEL IN DER UMGEBUNG

Katwijk (116/A 3)
Beliebter Badeort am Rande der Blumenfelder, etwa 10 km von Leiden entfernt. Familien machen gern einen Spaziergang oder eine Radtour durch das weite Dünengebiet. Während die Dünen im Süden frei zugänglich sind, müssen Sie im Norden Eintritt bezahlen. Das ehemalige Fischerdorf besitzt zwar noch immer eine eigene Flotte, doch hat diese ihren Heimathafen mittlerweile im weiter nördlich gelegenen IJmuiden. Im Norden schließt sich das familienfreundliche Seebad *Noordwijk* mit einem 13 km langen Sandstrand und einem weitläufigen Dünen- und Waldgebiet an.

ROTTERDAM

☛ **Stadtplan auf Seite 128/129**

(116/B 5–6) Die Stadt (592 000 Ew.) mit dem größten Hafen der Welt hat sich seit Ende des Zweiten Weltkriegs in eine moderne Metropole verwandelt, die weder mit neuer Architektur noch mit internationalem Flair geizt. Den Ort gibt es schon, seit sich im 10. Jh. ein paar Siedler am Fluss Rotte niederließen. Durch die günstige Lage an der Nordsee entwickelte sich die Stadt rasch zu einem wichtigen Warenumschlagplatz. Als jedoch die Frachtschiffe größer wurden und der Hafen immer mehr versandete, verlor die Stadt an Bedeutung. Das än-

derte sich erst, als im 19. Jh. mit dem Nieuwe Waterweg zwischen der Stadt und Hoek van Holland ein verbesserter Meeresanschluss gebaut wurde. Nun konnten die Handelsschiffe wieder den Rotterdamer Hafen anlaufen. Und mit den ersten Raffinerien kamen im 20. Jh. auch immer mehr Öltanker. In den letzten Jahren wurde der Hafen systematisch vergrößert und mit einem ultramodernen Containerterminal versehen. Auf dem ganz neuen Europoort-Terrain, der so genannten Maasvlakte, haben sich viele Unternehmen niedergelassen; außerdem setzt eine Windkraftanlage die hier stets wehende steife Brise in Energie um.

Der Zweite Weltkrieg hatte für Rotterdam verheerende Folgen: Bei der Bombardierung der Stadt durch die deutsche Luftwaffe 1940 starben tausend Menschen; das Zentrum wurde nahezu völlig in Schutt und Asche gelegt. Im Gegensatz zu vielen anderen zerstörten Orten entschied man sich in Rotterdam nach dem Krieg für einen Wiederaufbau der Innenstadt in einem neuen und zuweilen recht gewagten Stil – heute hat Rotterdam die modernste Stadtarchitektur der Niederlande.

Mitten durch Rotterdam fließt die Nieuwe Maas, die mit ihrem Schiffsverkehr gleichsam die Lebensader der Hafenstadt ist. An den Flussufern stehen denkmalgeschützte Häuser. Der Nord- und der Südteil der Stadt sind über zahlreiche Brücken und Tunnels miteinander verbunden, darunter die Ende der Neunzigerjahre eröffnete Erasmusbrücke. Sie bindet den Stadtteil

Kop van Zuid an die Innenstadt an und ist gleichzeitig markanter Blickfang der Skyline. Dank ihrem 139 m hohen, geknickten Pfeiler heißt die Brücke im Volksmund »Schwan«.

Die großen Schiffe, die den Rotterdamer Hafen anlaufen, bringen und brachten immer wieder Immigranten, sodass die zweitgrößte Stadt der Niederlande ein Schmelztiegel zahlreicher Nationalitäten ist.

BESICHTIGUNGEN

Euromast   (128/A 5–6)

☙ Der schlanke Turm, den der Architekt Huig Aart Maaskant 1960 gebaut hat, gilt bis heute als Symbol für die Dynamik von Rotterdam. Mit seinen 185 m überragt er auch die neuen Gebäude. Bei klarem Wetter kann man von einem Großteil der niederländischen Küste sehen. Der Lift fährt übrigens an der

Architekturstadt Rotterdam: würfelförmige Pfahlhäuser am Alten Hafen

Außenfassade nach oben und ist eher für schwindelfreie Menschen gedacht. *April–Sept. tgl. 10–19 (Juli/Aug. Di–Sa 10–22.30), Okt.–März 10–17 Uhr, 15 hfl, Parkhaven 20*

Hafenrundfahrten

Eine Tour mit dem Schiff bietet die beste Übersicht über Stadt und Hafen. Für Rundfahrten haben Sie mehrere Möglichkeiten. Touren mit den Spidobooten beginnen am *Leuvehaven* (**129/D 3**, *Tel. 010/275 99 88, 16 hfl*), Tragflügelboote starten am *Parkhaven* (**128/A 5–6**) gegenüber dem Euromast *(Tel. 010/436 12 22, ab 15 hfl).*

Imax-Waterstad-Theater (129/D 3)

Maxifilmvergnügen für Jung und Alt. Die größte Leinwand der Niederlande ist 17 m hoch und 23 m breit. *Di–Fr 14, 15 und 16 Uhr, Sa/So auch 13 Uhr, ab 15 hfl, Leuvehaven 17*

Kubushäuser   (129/E 2)

★ Am Alten Hafen, mitten im Vergnügungsviertel, steht die wohl spektakulärste architektonische Schöpfung von Piet Blom: die gekippten, würfelförmigen Pfahlhäuser des *Blaakse Bos*. Einen dieser Wohnwürfel, den *Kijk Kubus,* kann man besichtigen. *Tgl. 11–17 Uhr, Jan. und Feb. nur Sa/So, 3,50 hfl, Overblaak 70*

Tierpark Blijdorp   (O)

In diesem Zoo leben die Tiere in einem ihrem natürlichen Umfeld nachempfundenen Biotop. Es gibt einen malaysischen Urwald, wo Sie einen Gibbons ihre spitzen Schreie ausstoßen hören, ein Bromeliengewächshaus mit farbenfrohen Schmetterlingen oder die

Rivierahalle mit vielen exotischen Pflanzen, Terrarien und Aquarien. *April–Sept. tgl. 9–18, Okt.–März 9–17 Uhr, 23,50 hfl, Van Aerssenlaan 49*

Witte Huis (129/E 2)

Das 45 m hohe »weiße Haus« steht am Oude Haven. Es stammt von 1898 und gilt daher als ältester Wolkenkratzer Europas.

MUSEEN

Boijmans van Beuningen (128/B–C 3)

★ Eines der wichtigsten niederländischen Museen für moderne und alte Kunst. Gezeigt werden unter anderem zahlreiche Werke großer Meister wie Rembrandt, Tizian, Monet und Gauguin sowie Picasso, Matisse, Kandinsky und Dalí. *Di–Sa 10–19, So 11–17 Uhr, 7,50 hfl, Museumpark 18–20*

Kunsthal (128/B 4)

Dieses ungewöhnliche, vom renommierten Architekten Rem Koolhaas gebaute »schiefe« Haus ist für seine Ausstellungen bekannt, die thematisch stark variieren. Die Palette reicht von bildender Kunst über Architektur und Design bis zu nicht westlichen Kulturen. Erkundigen Sie sich beim VVV-Büro. *Di–Sa 10–17, So 11–17 Uhr, 10 hfl, Weestzeedijk 341*

Maritiem Museum Rotterdam (129/D 2–3)

Dieses Museum ist dem Hafen und der Schifffahrt in Gegenwart und Vergangenheit gewidmet. Das Museumsschiff »De Buffel« aus dem 19. Jh. kann ebenfalls besichtigt werden. *Di–Sa 10–17, So 11–17 Uhr, Juli/Aug. auch Mo, 6 hfl, Leuvehaven 1*

Nederlands Architectuurinstitut (128/B 3)

Im Architekturmuseum finden Sie Wissenswertes über Architektur, Städtebau, Landschafts- und Innenarchitektur. Wechselnde Ausstellungen zu aktuel-

Skyline von Rotterdam: modernste Stadtarchitektur der Niederlande

len städtebaulichen Themen. *Di–Sa 10–17, So 11–17 Uhr, 7,50 hfl, Museumpark 25*

RESTAURANTS

Asian Glories (129/D 2)
Zu den Spezialitäten des chinesischen Restaurants gehören Krebs mit Ingwer und Frühlingszwiebeln. *Sa/So geschl., Leeuwenstraat 15, Tel. 010/411 71 07, Kategorie 2*

Ben Kei (128/C 1)
Japanische Küche – der Koch jongliert vor Ihren Augen mit Töpfen und Pfannen. *Fr-Abend und Mo geschl., Kruiskade 26–28, Tel. 010/414 33 38, Kategorie 1*

Bierhandel de Pijp (128/B 3)
Eetcafé mit einfachen Gerichten in unverfälschter Hafenromantik. In dem Lokal hängen lauter Krawatten an den Wänden. *So geschl., Gaffelstraat 90, Tel. 010/436 68 96, Kategorie 3*

Cambrinus (129/E 2)
Dieses Lokal liegt in der Nähe der Kubuswohnungen am Oude Haven. Von der ❧ Sonnenterrasse aus haben Sie einen herrlichen Ausblick auf die historischen Schiffe. Serviert wird eine ausgezeichnete flämisch-französische Küche mit einer großen Auswahl an Fisch. *Tgl., Café Fr und Sa bis 2 Uhr, Blaak 4, Tel. 010/414 67 02, Kategorie 2*

De Tijdgeest (129/E 2)
Köstliches, leicht französisch angehauchtes Essen. Versuchen Sie, einen Platz auf der Terrasse zu ergattern, dann haben Sie einen wunderschönen Blick auf den alten Hafen. *Tgl., Oost-Wijnstraat 14, Tel. 010/233 13 11, Kategorie 2*

Van Popering (128/C 3)
Hier können Sie ausgezeichnete Fischgerichte essen – etwa Lachs in Weißbier. Die Tagesspezialität steht auf einer Wandtafel. *Mittags geschl., Witte de Withstraat 51 A, Tel. 010/213 21 33, Kategorie 2–3*

CAFÉS

Dudok (129/D 1)
❂ Grandcafé mit großem Lesetisch und einer reichen Zeitungsauswahl. Für die Kleinen gibt's einen Tisch mit Donald-Duck-Heften. *Mo–Do 8–23, Fr/Sa 8–24, So 9–23 Uhr, Meent 88*

Parkzicht (128/B 5)
♣ Großzügiges Café mit einer runden Bar und einer Lounge. *Mo–Fr 12–22.30, Sa/So 18–22.30 Uhr, Kievitslaan 25*

Rotterdam (129/D 6)
❂ ♣ Die alte Halle, in der die Passagiere der Holland-Amerika-Linie früher auf die Abfahrt der Dampfer warteten, ist heute ein vor allem bei Yuppies beliebtes Grandcafé. *Tgl. 10–1 Uhr, Wilhelminakade 699*

EINKAUFEN

Die 1953 eröffnete *Lijnbaan* (128/C 1–2) war eine der ersten autofreien Einkaufsstraßen Europas. Das Rezept hat sich als erfolgreich erwiesen. In der L-förmigen Fußgängerzone mit Kaufhäusern und vielen kleinen Läden herrscht auch heute noch ein geschäftiges Treiben. Ein weiteres Einkaufsparadies ist die 1996 fertig gestellte *Beurspassage*, die im Volksmund »Kaufkrater« heißt. Im *Kop van Zuid* (129/D-E 5–6), dem renovierten Altstadtviertel beim

Yachthafen, finden Sie nicht nur viele Designer- und Inneneinrichtungsgeschäfte, sondern auch den größten und exotischsten Supermarkt der Stadt.

ÜBERNACHTUNG

Hotel Baan (128/A 4)
Freundliches Hotel mit kleinem Caférestaurant etwas außerhalb vom Zentrum. U-Bahn-Station in 250 m Entfernung. *14 Zi., Rochussenstraat 345, Tel. 010/477 05 55, Fax 476 94 50, Kategorie 3*

Grand Hotel Central (128/C 1)
Modernes Hotel hinter monumentaler Fassade im brodelnden Herzen der Stadt. *64 Zi., Kruiskade 12, Tel. 010/414 07 44, Fax 412 53 25, Kategorie 2*

Hotel New York (129/D 6)
Im Gebäude der ehemaligen Hafenverwaltung ist heute ein Hotel untergebracht, das vor allem bei jungen Geschäftsleuten sehr beliebt ist. Tolle Aussicht. *72 Zi., Koninginnehoofd 1, Tel. 010/439 05 00, Fax 484 27 01, Kategorie 2*

AM ABEND

Rund um den *Veerhaven* (128/C 5) gibt's zahlreiche Kneipen, wo man abends gemütlich ein Bier trinken kann. Im *Oude Haven* (129/E 2) werden die Lokale vor allem von Studenten bevölkert. Diskobesucher finden beim *Stadhuisplein* (128/C 1), was sie suchen, und auf der *West-Kruiskade* (128/C 1), die im Volksmund *Chinatown* genannt wird, pulsiert das multikulturelle Leben. Beliebt sind abends aber auch der *Kop van Zuid* (129/D–E 5–6) mit dem *Wilhelminapier* und dem *Entrepotgebäude,*

wo Sie viele typische Hafenkneipen finden, auf deren Terrassen bis tief in die Nacht etwas lost ist.

A 20 (O)
Diskothek mit unterschiedlichen Partys und DJs. *Fr/Sa 23–6 Uhr, Prins Alexanderlaan 37*

Baja (128/B 2)
In diesem Beachclub legen die DJs nicht nur tropische Platten auf. *Do–So 23–5 Uhr, Karel Doormanstraat 10*

AUSKUNFT

Coolsingel 67 (128/C 1)*, Tel. 0900/403 40 65, Fax 010/413 01 24, www.vvv.rotterdam.nl*

ZIELE IN DER UMGEBUNG

Delft (116/A 5)
Wenn Sie nach den Erlebnissen in der brausenden Stadt etwas Ruhe suchen, finden Sie die in Delft, dem Städtchen zwischen Rotterdam und Den Haag. Die mittelalterlichen Häuser um den Marktplatz, die mit Linden gesäumten, langen, schmalen Grachten und die vielen alten Brücken zeugen vom Reichtum verflossener Zeiten, den Sie am besten auf einer Grachtenrundfahrt auf sich einwirken lassen. Berühmt ist das Städtchen mit 95 000 Ew. für seine blau bemalte Keramik. Hier hat aber auch Jan Vermeer das Licht der Welt erblickt, der berühmte Maler und Begründer der Delfter Schule. Seine letzte Ruhe hat er in der *Oude Kerk* gefunden. In der *Nieuwe Kerk (April–Sept. Mo–Sa 9–17, Okt.–März 10–12 und 13.30 bis 16 Uhr)* können Sie das Marmorprunkgrab von Wilhelm von

Oranien bewundern. Er wurde 1584 in Delft erschossen. Echte Delfter Keramikmaler gibt's auch heute noch. Im Museum *de Porseleyne Fles (tgl. 9–17 Uhr, Rotterdamseweg 196, www.royaldelft. com)* können Sie ihnen bei der Arbeit über die Schultern gucken.

Gouda (116/C 5)

Die Stadt an der Gouwe (71 000 Ew.) 20 km nordöstlich von Rotterdam ist vor allem des Käses wegen bekannt. Im frühen Mittelalter gab es hier auch zahlreiche Brauereien. Ein bedeutendes Handelszentrum für Käse und Fisch wurde Gouda erst im 17. und 18. Jh. Noch heute wird der Käse im Sommer jeden Donnerstagmorgen auf den Marktplatz bei der Käsewaage getragen *(Juni–Aug. Do 10.30–12.30 Uhr)*.

Schiedam (116/A 5)

Die Stadt der Mühlen und Geneverbrennereien (75 000 Ew.) liegt rund 10 km westlich von Rotterdam an der Mündung der Schie in die Nieuwe Maas. Der Überlieferung zufolge gab es hier einst Hunderte von Brennereien. Die Geschichte vom Geneverbrennen wird im *Nederlands Gedestilleerd Museum (Di–Sa 11–17, So 12.30–17 Uhr, 7,50 hfl, Lange Haven 74–76)* erzählt; in dem Spirituosenmuseum gibt es auch eine Probierstube.

UTRECHT

(117/D 4–5) Die Hauptstadt der gleichnamigen Provinz ist mit ihren 232 000 Ew. die viertgrößte Stadt des Landes. Sie ist berühmt für ihre Universität, aber auch die Grachten üben eine große Anziehung aus. Außerdem war Utrecht schon immer das niederländische Zentrum des katholischen Glaubens, wie die zahlreichen sakralen Bauten belegen. Von der kreuzförmigen Anlage, die der Dom im Mittelalter mit vier weiteren Kirchen bildete, ist allerdings nicht mehr viel übrig geblieben. In den letzten Jahren hat sich die Domstadt immer mehr einen Namen als Kongress- und Tagungszentrum gemacht. Utrecht ist aber auch als Geburtsort des Möbeldesigners und Architekten Gerrit Rietveld ein Begriff.

BESICHTIGUNGEN

Den Stadtkern sollten Sie am besten zu Fuß besichtigen, da Autos fast nirgendwo erlaubt sind. Möglich ist aber auch eine Rundfahrt mit Pferd und Kutsche. Die Route führt an Grachten, kleinen Sträßchen und wichtigen Gebäuden vorbei *(April–Okt. Di–So 11–18, Nov.–März Sa/So 11–17 Uhr, Preis auf Anfrage, Tel. 030/ 271 02 35, Domplein).* Wenn Sie sich die Stadt lieber vom Wasser aus ansehen möchten, können Sie in ein Rundfahrtboot steigen, das an der *Oude Gracht 85* auf Passagiere wartet *(tgl. 11–18 Uhr, 12,50 hfl).*

Domturm

❧ Der Domturm ist mit seinen 112 m der höchste der Niederlande. Im Mittelalter gehörte auch eine Kirche dazu, doch ein Sturm zerstörte 1674 das Mittelschiff, sodass der Turm heute vom Querschiff und dem Chor getrennt ist. Die Aussicht, die man vom Turm aus hat, macht die 465 Treppenstufen wieder wett *Mai–Sept. tgl. 10–17, Okt. April*

Mo–Sa 11–16, So 14–16 Uhr, 5,50 hfl, Domplein

Oude Gracht

★ ☺ ☂ Die Oude Gracht ist einer der beliebtesten Flecken in der Altstadt – kein Wunder, spielt sich doch im Sommer das öffentliche Leben vor allem hier ab. Im Gegensatz zu den Amsterdamer Grachten sitzt man hier praktisch unmittelbar am Wasser, auf einer Terrasse unter dem Straßenniveau. Die Kanäle wurden im Mittelalter angelegt; sie vereinfachten den Zugang zu den Kellern unter den stattlichen Herrenhäusern.

Pieterskerk

Die Kirche bildete den östlichen Teil der mittelalterlichen Kreuzanlage. In der Krypta steht der Sarkophag mit den Gebeinen des niederländischen Papstes Hadrian VI. (1459–1523). Werfen Sie auch einen Blick auf den *Pieterskerkhof:* Die renovierten Häuser an diesem Platz sind ein gutes Beispiel dafür, wie harmonisch sich in dieser Stadt moderne Architektur und historische Baustile ergänzen. *Die Kirche ist nur im Sommer im Rahmen einer Führung zu besichtigen, Auskunft im VVV-Büro*

Stadtkasteel Oudaen

Im Keller dieser mittelalterlichen Burg ist eine authentische Dampfbierbrauerei zu besichtigen. Bis heute wird dort Oudaen-Bier hergestellt. Nach einer Führung können Sie den Gerstensaft in der hauseigenen Probierstube testen. *45-minütige Führungen Sa 14.30, 16 und 17 Uhr, sonst auf Anfrage, Tel. 030/231 18 64, 12,50 hfl, Oudegracht 99*

MUSEEN

Catharijneconvent

Im ehemaligen Katharinenkloster wird die Geschichte des Christentums in den Niederlanden anhand von Dokumenten, Modellen und religiöser Kunst gezeigt. *Di–Fr 10–17, Sa/So 11 bis 17 Uhr, 7 hfl, Nieuwegracht 63*

Centraal Museum

Im ehemaligen Agnietenkloster der Augustinerinnen ist heute die größte Rietveld-Kollektion der Welt untergebracht. Daneben hängen Bilder der Utrechter Meister aus dem Goldenen Zeitalter. *Di–So 11–17 Uhr, 15 hfl, Agnietenstraat 1*

Museum voor het Kruideniersbedrijf

Im Kolonialwarenmuseum können Sie sich ein Bild davon machen, wie ein holländischer Kolonialwarenladen um 1900 aussah. *Di–Sa 12.30–16.30 Uhr, kein Eintritt, Hoogt 6*

Nederlands Spoorwegmuseum

Bei Eisenbahnfans schlägt das Herz höher, wenn sie die in einem Bahnhof aus dem 19. Jh. versammelten Lokomotiven, Waggons und Straßenbahnoldtimer sehen. *Di–Fr 10–17, Sa/So 11.30 bis 17 Uhr, 13,50 hfl, Maliebaanstation*

RESTAURANTS

An der Oude Gracht finden Sie zahlreiche Restaurants und Cafés, wo man für ein Menü nicht allzu tief in die Tasche zu greifen braucht. Die meisten Lokale haben ihre Tische im Sommer am Wasser aufgestellt.

Saigon

◉ Originelle vietnamesische Küche mit reichhaltigen Suppen in leicht kitschigem Ambiente. *Mittags geschl., Voorstraat 68, Tel. 030/ 230 49 83, Kategorie 3*

Tante's Bistro

Eetcafé im Herzen der Stadt. Im Sommer kann man an der Gracht sitzen. *So–Mittag geschl., Oudegracht 61, Tel. 030/231 21 91, Kategorie 3*

Wilhelminapark

Französische Küche in ruhiger, geschmackvoll eingerichteter Umgebung. Bei schönem Wetter lockt die großzügige Terrasse. *Sa-Mittag und So geschl., Wilhelminapark 65, Tel. 030/251 06 93, Kategorie 1*

Winkel van Sinkel

◉ ⚲ In dem Gebäude, in dem einst das erste Warenhaus der Niederlande beheimatet war, werden heute französisch-holländische Gerichte serviert. Allerdings ist es ziemlich laut. Am Wochenende wird hier getanzt. *Tgl., Oude Gracht 158, Tel. 030/ 230 30 30, Kategorie 2*

De Springhaver

Uraltes Theatercafé für die ganze Familie. *Mo–Sa 11–2, So 11–1 Uhr, Springweg 46*

Stairway to Heaven

⚲ Musikcafé im Herzen des Zentrums. *Tgl. 11–1 Uhr, Mariaplaats 11–12*

De Vriendschap

◉ Eine gemütliche, typisch holländische Kneipe. Seit 30 Jahren hat das Pächterehepaar nichts am Interieur verändert. *Di–Sa 17.15 bis 22.15 Uhr, Wed 1*

Cafó Willom Slok

◉ Hübsches Café, das vor allem von Studenten frequentiert wird. *Mo–Sa 16–24 Uhr, K. Koestraat 2*

Wer mit dem Zug ankommt, gelangt direkt vom Bahnhof ins riesige Einkaufszentrum *Hoog Catharijne* mit Hunderten von Geschäften, zahlreichen Cafés, Bars und vier Kinos.

Grand Hotel Karel V

In diesem 1999 gründlich renovierten Haus hat Kaiser Karl V. im 15. Jh. seine Gäste untergebracht. *91 Zi., Geertebolwerk 1, Tel. 030/233 75 55, Fax 233 75 00, Kategorie 1*

Hotel Ouwi

Einfaches Hotel östlich vom Zentrum. *28 Zi., F.C. Donderstraat 12, Tel. 030/271 63 03, Fax 271 46 19, Kategorie 3*

Club Chicane

Diskothek im Zentrum mit breitem Repertoire. *Do–Sa 23–4 Uhr, Oudkerkhof 29*

Hordijk

Bei Studenten sehr beliebte Bar, Dancing. *Do–Sa 22.30–6 Uhr, Mariaplaats 50*

Vredenburg 90, Tel. 0900/414 14 14, Fax 030/233 14 17

Wasser, Wind und Moorlandschaften

*Inseln und Fischerromantik, Hünengräber und reichlich
Landschaft: Der Norden bietet für jeden Geschmack etwas*

Wer von der Randstad nach Norden fährt, gelangt in den »Kop van Noordholland«, die Landzunge zwischen der Nordsee im Westen und dem IJssel-meer im Osten. Es ist eine abwechslungsreiche Gegend, in der die Sonne öfter scheint als im Rest des Landes.

Über den Abschlussdeich gelangt man nach Friesland, der landschaftlich reizvollsten Provinz des Landes. Auf den vielen Seen und kilometerlangen Kanälen kann man herrlich segeln. Die weißen, dreieckigen Segel, die sich durch die grünen Felder zwischen den schwarzweiß gefleckten Kühen bewegen, bieten einen kuriosen Anblick. In Friesland sind die Ortsschilder zweisprachig: Neben Niederländisch wird hier von 400 000 Friesen die offizielle Minderheitensprache Friesisch *(Frysk)* gesprochen.

Im Osten grenzt Friesland an die Provinz Groningen mit der gleichnamigen Hauptstadt. Es ist eine ländliche Gegend mit vielen Bauernhäusern, deren Dächer mit Reet gedeckt sind. Bei Slochteren östlich von Groningen hat man Ende der Fünfzigerjahre große Erdgasvorkommen entdeckt. Mit dem Erlös aus dem Gasexport konnten die Niederlande ihren (ehemals großzügigen) Sozialstaat aufbauen.

Drenthe, die Provinz südlich von Groningen, ist ein beliebtes Wander- und Fahrradparadies. In dieser ehemaligen Moorlandschaft findet man auch viele prähistorische Grabanlagen, die so genannten *hunebedden* (Hünengräber).

ALKMAAR

(112/A 6) Die touristische Hauptattraktion der hübschen Grachtenstadt mit ihren 92 000 Ew. spielt sich im Sommer jeden Freitag auf dem Marktplatz ab, wenn die weiß gekleideten Käseträger mit ihren Strohhüten für die Touristen die gelben Goudalaibe auf der historischen Waage wiegen lassen. Alkmaar hat außerdem eine Fülle an gut erhaltenen Gebäuden und viele baumgesäumte

Die waddenzee muss durchqueren, wer zu einer der fünf Westfriesischen Inseln übersetzt

Die Käseträger von Alkmaar können Sie im Sommer jeden Freitag bewundern

Kanäle mit weißen Zugbrücken zu bieten.

BESICHTIGUNG

Käsemarkt

★ Das farbenfrohe Spektakel zieht zwar vor allem Touristen an, doch werden die Käselaibe nach wie vor von Warenprüfern getestet, danach gewogen und schließlich an die Großhändler verkauft. *Mitte April–Mitte Sept. Fr 10–12 Uhr, Waagplein*

MUSEEN

Biermuseum

Bis 1750 wurde in diesem historischen Gebäude Bier der Marke »De Boom« gebraut. Heute dient das Haus als Biermuseum mit integrierter Probierstube, in der Sie mehr als 80 verschiedene Sorten testen können. *April–Okt. Di–Sa 10–16, So 13–16 Uhr, Nov.–März Di–So 13–16 Uhr, 3 hfl, Houttil 1*

Hollands Kaasmuseum

Anhand von alten Gerätschaften und Fotos wird die Käse- und Butterherstellung in vergangenen Jahrhunderten demonstriert. Man kann sich aber auch ein Bild über die heutige Milchverarbeitungsindustrie machen. *April bis Okt. Mo–Do und Sa 10–16, Fr 9–16 Uhr, 3 hfl, Waagplein 2*

Nederlands Kachelmuseum

Im Ofenmuseum gibt es rund 100 Wärmespender aus dem 19. und 20. Jh. zu sehen. *So (April bis Sept. auch Fr) 12–16 Uhr, 3 hfl, Bierkade 10*

Stedelijk Museum Alkmaar

Im ehemaligen Gebäude einer Schützengilde findet man eine kunterbunte Sammlung: von Gemälden holländischer Meister aus dem 16. und 17. Jh. über antikes Spielzeug bis zu historischen Münzen und Orden. *Di–Fr 10–17, Sa/So 13–17 Uhr, 5 hfl, Doelenstraat 5*

RESTAURANT

Chada Thai

Unverfälschtes thailändisches Essen in kleinem, gemütlichem Lokal mit Sitzecke und Kissen. *Mittags und Di geschl., Gedempte Nieuwsloot 115, Tel. 072/520 26 30, Kategorie 2–3*

AUSKUNFT

Waagplein 2–3, Tel. 072/511 42 84, Fax 511 75 13, www.noord holland-tourist.nl/nl/alkmaareo

ZIELE IN DER UMGEBUNG

Bergen aan Zee (112/A 6)
◈ Dieser hübsche, kleine Badeort, der Anfang des 20. Jhs. entstand, liegt gut 15 km westlich von Alkmaar. Wer genug vom tollen Sandstrand hat, kann sich in den 50 Becken des *Zeeaquarium (April–Okt. tgl. 10–18, Nov.–März 11–17 Uhr, 11,50 hfl, Van den Wijdeplein 16)* Fische aus allen Weltmeeren ansehen.

Enkhuizen (113/D 6)
Reizvoller Hafen rund 40 km östlich am IJsselmeer mit zahlreichen alten Speichern und historischen Kaufmannshäusern. Genau wie früher sieht man im Hafen noch heute viele Boote. Für zahlreiche Charterunternehmen, die mit Passagieren auf alten Schiffen rund ums IJsselmeer oder bis zu den Westfriesischen Inseln segeln, ist Enkhuizen (17 000 Ew.) Start- und Zielhafen. Wer mitsegeln möchte, wende sich für alte, traditionelle Schiffe an *De Zeilvaart (Stationsplein 3, Tel. 0228/31 24 24)*, wo man wochen- oder wochenendweise eine oder mehrere Kojen mieten kann. Solche Boote werden immer von einem erfahrenen Skipper gesteuert; und meistens gehört eine ganze Crew inklusive *smoetje* (Koch) dazu. Die Törns führen entweder kreuz und quer übers IJsselmeer oder zu den Watteninseln. Moderne Yachten kann man bei *Enkhuizen Yachtcharter (Oosterhavenstraat 13, Tel. 0228/32 32 00)* mieten, allerdings muss man dafür im Besitz eines entsprechenden Segel-

MARCO POLO TIPPS FÜR FRIESLAND UND DEN NORDEN

1 Groninger Museum
Bunte, spektakuläre Architektur und Interessantes im Innern auf der Bahnhofsinsel (Seite 60)

2 Käsemarkt in Alkmaar
Am Freitag dreht sich in Alkmaar schon seit Jahrhunderten alles um den Käse (Seite 58)

3 Zuiderzeemuseum Enkhuizen
Wenn Sie am Hafen noch nicht genug alte Fischerromantik geschnuppert haben, können Sie das in diesem sehenswerten Museum nachholen (Seite 60)

4 Noorder Dierenpark
Pinguine, Giraffen, Elefanton und viele Schmetterlinge in tiergerechter Umgebung (Seite 62)

5 Ameland
Die autofreie Insel ist ein Paradies für Radfahrer und Vogelfreunde (Seite 64)

scheins sein. Absolut empfehlenswert ist das ★ *Zuiderzeemuseum (April–Okt. tgl. 10–17, Juli/ Aug. 10–18 Uhr, 18,50 hfl, Wiederijk 12–22)*, in dem die 700-jährige Geschichte der Zuiderzee beeindruckend dargestellt wird. Wie in den meisten Häfen rund ums IJsselmeer kann man auch in Enkhuizen ausgezeichneten Fisch essen, zum Beispiel im Restaurant *De Drie Haringe (Sa-Mittag, So-Mittag und Di geschl., Dijk 28, Tel. 0228/31 86 10, Kategorie 1).*

GRONINGEN

(114/C 3, 115/D 3) Wenn Sie Groningen, die Hauptstadt der gleichnamigen Provinz, besuchen wollen, stellen Sie Ihren Wagen am besten in einem der zahlreichen Parkhäuser ab, denn die Innenstadt ist fast gänzlich autofrei. Die »Perle des Nordens« mit ihren 171 000 Ew. ist gemütlich und besitzt – vor allem rund um den Grote Markt – zahlreiche Kneipen. Auf den Straßen und Plätzen werden Sie viele junge Leute antreffen, denn die Groninger Universität und die drei Fachhochschulen sind bei Studenten sehr beliebt.

Mit zwei Zuckerfabriken spielt Groningen in der Naschbranche eine nicht unwichtige Rolle. Daneben gibt es zahlreiche Dienstleistungsbetriebe. Die niederländische Post hat hier ihren Sitz.

BESICHTIGUNGEN

Gasunie
Architektonisch interessant ist das Hauptgebäude der Gasunion im Süden der Stadt. Der 1994 gebaute Bürokomplex an der *Concourslaan 17* ist zwar von innen

nicht zugänglich, von außen aber unbedingt einen Blick wert.

Grachtenfahrt
Empfehlenswert ist eine Besichtigung Groningens vom Wasser aus. Auf einer 75-minütigen Bootsfahrt durch die Grachten sehen und hören Sie das Wichtigste über die historischen Häuser und die Geschichte der Stadt. *Mo–Sa 13.45 Uhr, 8 hfl, Stationsweg*

Martinikerk
Gegenüber vom Rathaus steht die gotische Kreuzbasilika aus dem 13. Jh., in der man bei einer Restaurierung wunderschöne Wandmalereien aus dem 16. Jh. entdeckt hat. *Juni Aug. tgl. 12–17 Uhr, 1 hfl, Martinikerkhof 3*

Martinitoren
🔱 Ein echter Groninger wohnt so, dass er in ständigem Blickkontakt mit dem Martiniturm ist, heißt es. Den 97 m hohen Turm können Sie besteigen. *Mo–Sa 12–16.30, So 11–16.30 Uhr, 3 hfl, Grote Markt*

Station Groningen
Der Jugendstilbahnhof von 1896 wurde Ende der Neunzigerjahre renoviert und in den ursprünglichen Zustand gebracht. In der 14 m hohen Eingangshalle sehen Sie eindrucksvolle, monumentale Fliesenbilder und Holzschnitzereien. *Stationsplein 4*

MUSEEN

Groninger Museum
★ Diesen abenteuerlich aussehenden, von dem italienischen Architekten Alessandro Mendini auf der Museumsinsel vor dem Bahnhof gebauten bunten Kunst-

tempel darf man getrost als das spektakulärste Gebäude in den Niederlanden bezeichnen. Die ständige Kollektion umfasst bildende Kunst vom 16. bis zum 20. Jh. und Wissenswertes zur regionalen Geschichte. Daneben gibt es zahlreiche Wechselausstellungen. *Di–So 10–17 Uhr, Juni–Aug. auch Mo 13–17 Uhr, 12 hfl, Museumeiland 1*

Noordeljik Scheepvaart- en Niemeyer Tabaksmuseum

Im Schifffahrts- und Tabaksmuseum finden Sie eine Übersicht über die Tabakgeschichte sowie Modelle und Utensilien der niederländischen Schifffahrt in vergangenen Zeiten. *Di–Sa 10–17, So 13–17 Uhr, 6 hfl, Brugstraat 24*

RESTAURANTS

Rund um den Marktplatz finden Sie unzählige Kneipen, in denen man auch essen kann. Im Sommer sitzt man draußen.

Corps de Garde

Köstliche französische und Fischgerichte in der ehemaligen Wache aus dem Jahr 1634. *Mittags und Mo geschl., Oude Roteringerstraat 74, Tel. 050/314 54 37, Kategorie 1*

't Feithuis

☉ Ob Katerfrühstück oder Fondue: In diesem Haus aus dem 15. Jh. mit schönem Blick auf die Martinikerk werden die unterschiedlichsten Bedürfnisse gestillt. *Tgl., Martinikerhof 10, Tel. 050/313 53 35, Kategorie 2*

ÜBERNACHTUNG

Cityhotel

Bequem, modern und mitten im alten Zentrum. *93 Zi., Gedempte Kattendiep 25, Tel. 050/588 65 65, Fax 311 51 50, Kategorie 2*

AM ABEND

The Palace

In dieser Diskothek legen die DJs auch mal Siebzigerjahresound auf. *Tgl. 23–5 Uhr, Gelkingestraat 1*

De Troubadour

Beliebte Bar mit Tanzfläche. *Do/Fr 23–5, Sa 23–6.30 Uhr, Peperstraat 19*

Orangefieber

Wenn im Fußball eine Europa- oder eine Weltmeisterschaft ins Haus steht, dann breitet sich in den Niederlanden ein orangefarbiger Flächenbrand aus. Orange ist nicht nur die Farbe des Königshauses, sondern ziert auch die Trikots der holländischen Nationalspieler. Deshalb hüllen sich die Untertanen von Königin Beatrix während einer WM oder EM in orangefarbene Gewänder und schmücken ihre Fenster und Autos mit gleichfarbigen Wimpeln. Käse, Kontaktlinsen und Kreditkarten sind plötzlich orange, genauso wie die Pommes in den Snackbars oder der Gips ums gebrochene Bein. In den Regalen der Supermärkte steht orangefarbener Pudding neben orangefarbenem Toilettenpapier. Und die Goldfische gibt's während eines solchen Fußballevents wesentlich günstiger – nämlich im Elfersupersparpack.

*Gedempte Kattendiep 6, Tel. 0900/
202 30 50, Fax 050/313 63 58,
www.vvvgroningen.nl*

ZIELE IN DER UMGEBUNG

Assen (114/C 4)

Etwa 30 km südlich, wo die Kanäle Drentse Hoofdvaart und Noord-Willemskanaal zusammenfließen, liegt die Hauptstadt der Provinz Drenthe. Assen (57 000 Ew.) ist bekannt für die zahlreichen Parks und anderen Grünanlagen; die Stadt heißt im Volksmund denn auch *stad in het groen* (Stadt im Grünen). Der Ort hat nicht nur ein Museum mit Moorleichen zu bieten; von hier aus kann man auch tolle Radtouren unternehmen. Einmal im Jahr kommen Zehntausende Motorradfahrer aus ganz Europa zum *Dutch TT,* dem berühmten Rennen rund um die Stadt. Dann werden sämtliche Vorgärten in provisorische Campingplätze verwandelt, und abends strömt das Bier auf der Straße. Schöne alte Drehorgeln zeigt das *Draaiorgelmuseum (kein Eintritt, Rode Heklaan 3).* Es ist jeden zweiten und vierten Sonntag im Monat geöffnet. Gleichzeitig gibt's an diesen Tagen ein vierstündiges Drehorgelkonzert, das um 13.30 beginnt. Das *Drents Museum (Di bis So 11–17 Uhr, 5 hfl, Brink 1)* präsentiert eine interessante Sammlung archäologischer Funde von der Eiszeit bis ins frühe Mittelalter, darunter auch Moorleichen. Prunkstück ist das älteste Boot der Welt, das »Baumstammkanu von Pesse«, von ca. 6500 v. Chr. *Auskunft: Marktstraat 8–10, Tel. 0592/31 43 24, Fax 31 73 06*

Emmen (115/E 6)

Einst war das gut 50 km südlich gelegene Emmen (105 000 Ew.) das Zentrum der Torfstecherei, heute ist es eine dynamische Industriestadt mit modernen Neubauvierteln. In dem und rund um den Ort gibt es elf prähistorische *hunebedden* (Hünengräber). Das frühere Moordorf ist heute aber vor allem als Heimatort des ★ *Noorder Dierenpark (tgl. 9–17 Uhr, 17 hfl, Hoofdstraat 18)* ein Begriff. Er ist einer der schönsten Zoos in ganz Europa, weil man versucht hat, den Tieren eine möglichst authentische Umgebung zu bieten. Es gibt Giraffen, Elefanten und Kodiakbären. Zu den großen Attraktionen gehört das *Biochron,* ein tropischer Schmetterlingspark mit 1500 Faltern. *Auskunft: Marktplein 9, Tel. 0591/61 30 00, Fax 64 41 06*

15 km nördlich bei *Borger* informiert das *Nationaal Hunebed Informatie Centrum (tgl. 13–17 Uhr, 2,50 hfl, Bronnegerstraat 12)* über die rund 5000 Jahre alten Hünengräber in der Provinz Drenthe. Die großen »Hinkelsteine«, die für die Grabmale verwendet wurden, kamen mit der Eiszeit aus Skandinavien. Die Gräber wurden in Ost-West-Richtung gebaut, mit dem Eingang an der Südseite. Die kurzen Seiten der länglichen Grabkammern verschloss man mit einem kleineren Stein, und auf die Tragsteine wurden so genannte Decksteine gelegt.

Kamp Westerbork (114/C 5)

50 km südlich, zwischen Hooghalen und Westerbork, finden Sie Kamp Westerbork. Hier wird des Schicksals von mehr als 100 000 Menschen gedacht: zum

einen jener jüdischen Niederländer, die während der deutschen Besetzung über dieses Durchgangslager weiter in die Vernichtungslager deportiert wurden, zum anderen der Flüchtlinge aus Deutschland, die in den Dreißigerjahren in diesem Lager untergebracht wurden. *Feb.–Dez. Mo bis Fr 9.30–17, Sa/So 13 (Juli/Aug. 11)–17 Uhr, 5 hfl, Oosthalen 8*

LEEUWARDEN

(**113/F 3**) Die Hauptstadt der Provinz Friesland (Fryslân), die auf friesisch Ljouwert heißt, ist auf drei Hügeln, so genannten Terpen oder Warften, entstanden. In der von Grachten durchzogenen historischen Innenstadt findet man eine Vielzahl von denkmalgeschützten Häusern. Leeuwarden (88 000 Ew.) ist das friesische Kulturzentrum – noch bekannter ist die Stadt aber als Start- und Zielort der spektakulären Elfstedentocht, des 200 km langen Schlittschuhrennens durch elf friesische Städtchen. Wie Sie eine ähnliche Tour entlang den Kanälen mit dem Fahrrad oder auf Inlineskates machen können, ist im Kapitel »Routen in den Niederlanden« beschrieben.

BESICHTIGUNG

Veemarkt
❀Jeden Dienstag und Freitag zwischen 6 und 12 Uhr wechseln auf dem Viehmarkt die prächtigsten Kühe ihren Besitzer. Den schwarzweiß gescheckten friesischen Kühen hat man eigens ein Denkmal aufgestellt: *Us Mem*, die Mutterkuh, steht in voller Größe an der Kreuzung Harlingersingel/Harlingerstraatweg.

MUSEUM

Fries Museum
In diesem bedeutendsten Heimatmuseum der Niederlande gibt es neben Porzellan und archäologischen Funden eine Abteilung, die Mata Hari gewidmet ist. Die berühmte Spionin aus dem Ersten Weltkrieg hatte ihre Jugend in Leeuwarden verbracht. *Di–Sa 10–17, So 13 bis 17 Uhr, 5 hfl, Turfmarkt 11*

RESTAURANT

Het Hasersma Huys
Urholländisches Essen mit unholländischen Ausnahmen wie gebratene Entenleber auf Reisnudeln *Mittags geschl., Tweebaksmarkt 49, Tel. 058/216 01 20, Kategorie 2*

ÜBERNACHTUNG

Außerhalb der friesischen Städte gibt es zahlreiche *Bêd & Brochje*-Quartiere, die friesische Variante vom englischen *Bed and Breakfast*. Bei den VVV-Büros bekommen Sie eine Liste mit den Adressen.

Hotel 't Anker
Freundliches Hotel mitten im Zentrum. *40 Zi., Eewal 73, Tel. 058/212 52 16, Fax 212 82 93, Kategorie 3*

AUSKUNFT

Stationsplein 1, Tel. 0900/202 40 60, Fax 058/215 35 93

WESTFRIESISCHE INSELN

Die fünf Watteninseln im Norden des Landes sind unter Niederländern ein beliebtes Ferienziel. Dabei spielt es keine Rolle, in welcher Saison Urlaub gemacht wird, denn Texel, Vlieland, Terschelling, Ameland und Schiermonnikoog sind immer eine Reise wert. Im Frühling und im Herbst kann man herrliche Wanderungen in der frischen Brise machen und dabei den Einheimischen beim *Jutten,* dem Sammeln von Strandgut, zusehen. Im Sommer können Sie Ihre Ruhe in den unberührten Naturgebieten finden oder sich ins Getümmel an den kilometerlangen Sandstränden stürzen. Bei günstiger Gezeitenlage wird schon die Überfahrt zum Erlebnis: Dann kann man nämlich die Seehunde auf den Sandbänken faulenzen sehen. Es gibt auf den Inseln zahlreiche Bungalowparks, Ferienhäuschen, Hotels, Jugendherbergen und Campinganlagen. Einen Platz für Ihr Zelt werden Sie immer finden, andere Unterkünfte müssen Sie – besonders in der Hochsaison – frühzeitig buchen. Seit kurzem sind die Inseln in der Hochsaison über einen Fährdienst auch untereinander verbunden. Abfahrtszeiten und -orte erfahren Sie bei den VVV-Büros. Ausführliche Informationen finden Sie im MARCO POLO Band »Holländische Küste«.

Ameland (113/E–F 1)

★ Die zweitöstlichste der holländischen Watteninseln erreicht man von Holwerd aus (zwischen 7.30 und 18.30 bzw. 19.30 Uhr etwa alle zwei Stunden eine Fähre). Die 3000 Ew. leben in vier verschiedenen Dörfern. Die Insel lässt sich am besten mit dem Fahrrad erkunden. Ein lohnendes Ausflugsziel ist die Ostplatte *(Het Oerd),* wo Sie die Seevögel bei ihrer Nahrungssuche beobachten können. *Auskunft: Rixt van Doniaweg 2 (Nes), Tel. 0519/54 65 46, Fax 54 29 32, www.vvv-wadden.nl*

Schiermonnikoog (114/B–C 1)

⚲ Auf die kleinste und östlichste Insel gelangt man vom Fährhafen Lauwersoog vier- bis siebenmal täglich in 45 Minuten. Im Sommer kann man sie bei Ebbe in einem zünftigen Fußmarsch aber auch von Pieterbuuren in der Provinz Groningen erreichen. Diese Tour ist allerdings sehr beschwerlich, weil man bei jedem Schritt tief einsinkt und daher für die 20 km mindestens fünf Stunden braucht. Auf der Insel sind keine Autos zugelassen, was

Zwei Terrassen und Dünen bis zum Horizont: Ferienhaus auf Ameland

»Schier«, wie die Insulaner ihre Heimat kurz nennen, zu einem besonders attraktiven Fahrradparadies macht. *Auskunft: Reeweg 5, Tel. 0519/53 12 33, Fax 53 13 25, www.vvv-wadden.nl*

Terschelling   (113/D–E 1)

Das Wahrzeichen der Insel, der 54 m hohe, rote Leuchtturm *Brandaris* begrüßt die Feriengäste schon von weitem. Früher waren es die großen Schiffe der Ostindien-Fahrer, die den Hafen von Terschelling ansteuerten, heute sind es die Skipper der traditionellen, nun als Ferienschiffe dienenden »braunen Flotte«. Auf der 30 km langen und 5 km breiten Insel, die man vom friesischen Hafen Harlingen aus zwei- bis dreimal täglich in 105 Minuten erreicht, gibt es mehrere winzige Ortschaften. Im Herbst kann man die fast 5000 Insulaner beim Sammeln von *cranberries* beobachten. Diese amerikanischen Strauchheidelbeeren haben eine ganz besondere Geschichte: Nach einem Sturm im 19. Jh. fand ein Strandgutsammler ein Fass, das eine rote, ihm unbekannte Sauce enthielt. Er ließ es so liegen, dass die Flüssigkeit aus dem beschädigten Fass im Boden versickerte. Seither wachsen auf Terschelling wilde *cranberries* – eine große Seltenheit in Europa. *Auskunft: Willem Barentszkade 19a (West Terschelling), Tel. 0562/ 44 30 00, Fax 44 28 75, www. vvv-wadden.nl*

Texel   (112/B 3)

Die westlichste der Watteninseln gehört als einzige zur Provinz Noord-Holland. Man erreicht sie stündlich in 20 Fährminuten von Den Helder. Texel, das heute mehr Schafe (16 000) als Menschen (13 000) zählt, war ein strategisch wichtiger Punkt auf der Route der Ostindien-Fahrer. Das Eiland war beliebt wegen seines Quellwassers, das in den Tropen weniger schnell ungenießbar wurde als herkömmliches Wasser. Die Spezialität der Insel ist Lammfleisch: Die Tiere weiden das ganze Jahr über draußen und fressen das vom salzhaltigen Seewind zerzauste Gras. Über die Nahrung gelangt das Meersalz ins Fleisch der Lämmer und sorgt für den würzigen Salzgeschmack. Empfohlen seien auch die acht (!) verschiedenen Sorten Kräuterliköre *(kruidenbitter)*, die auf der Insel gebraut werden. *Auskunft: Emmalaan 66 (Den Burg), Tel. 0222/31 47 41, Fax 31 00 54, www.texel.nl*

Vlieland   (112/B–C 2)

Die autofreie Insel, die sich auf einer Länge von 20 km und einer Breite von 2,5 km erstreckt, ist eine wahre Oase der Ruhe. Sie erreichen sie zwei- bis dreimal täglich in 105 Minuten von Harlingen. Hinter dem Hafen befindet sich das einzige Dorf auf der Insel. Der Rest besteht aus Dünen, weiträumigen Vogelschutzgebieten und der Sandplatte *Vliehors,* die zum Ärger vieler militärisches Übungsgelände geworden ist. Da auch diese Insel vom Tourismus lebt, wurde mit der Armee vereinbart, dass in der sommerlichen Hochsaison keine Schießübungen durchgeführt werden. In dieser Zeit es es an Wochenenden möglich, der Sandplatte einen Besuch abzustatten. *Auskunft: Havenweg 10, Tel. 0562/45 11 11, Fax 45 13 61, www.vvv-wadden.nl*

Wassersportdorados und Hansestädte

Im IJssel-Gebiet zwischen malerischen Orten und dem größten Nationalpark lassen sich Kunst und Erholung optimal verbinden

Sobald man der Randstad den Rücken zuwendet, wird die Gegend ländlicher. Mit Ausnahme städtischer Ansiedlungen wie Nijmegen, Arnhem oder Enschede beherrschen im östlichen Teil der Niederlande Bauernhäuser, Felder und Wälder das Bild. Die Mehrheit der Touristen besucht dieses Gebiet denn auch, um sich in der Natur zu erholen. Etwa im größten Nationalpark der Niederlande De Hoge Veluwe in der Provinz Gelderland.

Einst erstreckte sich die Provinz Overijssel von der deutschen Grenze bis zum IJsselmeer. Doch dann begann man 1942 mit der Trockenlegung des südlichen Teils dieses Binnensees, sodass 1975 ein neues, 48 000 ha großes Gebiet entstand, die heutige Provinz Flevoland, zu der auch die beiden ehemaligen Inseln Urk und Schokland gehören. Overijssel und Flevoland sind ausgesprochene Wassersportparadiese. Auf einem Großteil der Flüsse und Seen kann man segeln, rudern oder Kanu fahren.

Entlang der IJssel, dem Fluss, der der Provinz den Namen gibt, finden Sie eine große Zahl ehemaliger Hansestädte wie Zutphen, Deventer, Zwolle und Kampen mit größtenteils intakten Stadtkernen.

AMERSFOORT

(117/E 4) Die Stadt an der Eem wächst so schnell wie kaum eine andere in den Niederlanden. Auf Grund des rasanten Bevölkerungszuwachses (Ende 1999 waren es 123 000 Menschen) wird eine Neubausiedlung nach der anderen gebaut. Städtebaulich besonders interessant ist das Kattenbroek-Viertel, in dem der bekannte indisch-niederländische Architekt Ashok Bhalotra seinen farbigen Ideen freien Lauf ließ. Tabak und Bier sorgten schon im Mittelalter für Reichtum in der Hansestadt an der Eem. Das Zentrum der alten Stadt mit dem Grachtenring und den zahlreichen Gässchen ist gut erhalten geblieben. Insgesamt zählt

Gässchen und Grachten, Mondrian und moderne Architektur: Amersfoort

MARCO POLO TIPPS FÜR DEN OSTEN

1 Giethoorn
Mit dem Stechkahn durch das Venedig des Nordens (Seite 73)

2 Kröller-Müller-Museum
Picasso, Mondrian, van Gogh und Co. mitten im Nationalpark (Seite 70)

3 Nieuw Land Polder-museum Lelystad
Die Geschichte der Zuiderzee und der Kampf der Holländer gegen das Wasser (Seite 72)

4 Dolfinarium Harderwijk
Delphine, Seehunde, Seelöwen und Quallen im größten Meerestier-park Europas (Seite 69)

5 Lustschloss Het Loo
Königliches in der ehemaligen Sommerresidenz der Oranier (Seite 70)

6 Urk
Hafenatmosphäre und Fischrestaurants im schönsten Fischerdorf des Landes (Seite 74)

Amersfoort mehr als 350 denkmalgeschützte Bauten. Außerdem ist Amersfoort als Geburtsstadt (1872) des Malers Piet Mondrian (eigentlich: Pieter Cornelis Mondriaan) bekannt.

BESICHTIGUNGEN

Mondriaanhuis
Das restaurierte Geburtshaus von Piet Mondrian zeigt neben einer Sammlung seiner Werke auch eine Nachbildung seines Pariser Ateliers. *Di–Fr 10–17, Sa/So 14–17 Uhr, 5 hfl, Kortegracht 11*

Onze Lieve Vrouwetoren
Vom 100 m hohen Kirchturm, der bei den Einheimischen *Lange Jan* heißt, haben Sie eine prächtige Aussicht auf das Eemland, das Gebiet um Amersfoort. *Juli/Aug. tgl. 10–17 Uhr, 2,50 hfl, Onze Lieve Vrouwekerkhof*

St. Joriskerk
In der mittelalterlichen Kirche liegt das Grabdenkmal von Jacob van Campen, dem Baumeister des Königlichen Palasts auf dem Dam in Amsterdam. *Juli/Aug. Mo–Sa 14–16.30 Uhr, Hof 1*

RESTAURANT

Dorloté
Auf der reichhaltigen Speisekarte stehen Fischgerichte aus der ganzen Welt, von holländischen Garnelen in einer Vinaigrette bis zu Lachs mit Korianderpesto. *Sa-Mittag, So und Mo geschl., Bloemendaalsestraat 24, Tel. 033/472 04 44, Kategorie 2*

ÜBERNACHTUNG

Campanile Amersfoort
Angenehmes Mittelklassehotel in ruhiger Umgebung. *124 Zi., De Brand 50, Tel. 033/455 87 57, Fax 456 26 20, Kategorie 2*

AUSKUNFT

Stationsplein 9–11, Tel. 0900/ 112 23 64, Fax 033/465 01 08

Dolfinarium Harderwijk   (117/F 3)

★ 25 km nordöstlich finden Sie Europas größten Meerestierpark mit Delphinen in einer naturgetreuen Lagune sowie Seehunden, Seelöwen und anderen Tieren. Unterwasserpanorama und Unterwasserrestaurant. *Mitte Feb. bis Okt. tgl. 10–18 (Kasse bis 16) Uhr, 31 hfl, Strandboulevard Oost 1*

ARNHEM

(118/B 5) Im September 1944 landeten britische Fallschirmjäger in der Provinzhauptstadt von Gelderland (137 000 Ew.), um die strategisch wichtige Rheinbrücke zu erobern. Bei diesen und späteren Kämpfen wurde der mittelalterliche Stadtkern fast völlig zerstört. Die Soldaten, die bei der Schlacht um Arnhem umgekommen sind, werden auf dem Brückenkopf mit einem Denkmal geehrt.

Burgers' Zoo

Familienbetrieb mit Savanne, Raubtierpark und tropischem Regenwald. Auf einem Spaziergang durch den Kunstdschungel sieht man Kaimane, Schlangen oder Leguane, bevor man zum größten (künstlichen) Wasserfall des Landes gelangt. *Sommer tgl. 9–19 Uhr, Winter 9 Uhr–Sonnenuntergang, 27,50 hfl, Schelmseweg 85*

Eusebiuskerk

↘ Auch diese dreischiffige Kirche, einer der Blickfänge der Stadt, wurde während der Schlacht um Arnhem schwer in Mitleidenschaft gezogen. Nach ihrer Restaurierung hat man einen gläsernen Panoramalift eingebaut. Dieser führt Sie am größten Glockenspiel Europas vorbei in eine Höhe von 93 m, von wo Sie eine herrliche Aussicht über die Stadt haben. *Di–Sa 10–17, So 12–17 Uhr, 8 hfl, Kerkplein 1*

Nederlands Openlucht Museum

Zu Fuß oder in einer alten Straßenbahn geht es in diesem Freilichtmuseum auf eine Reise entlang alter Bauernhöfe, Herrenhäuser und Werkstätten. Dabei kann man sich einen Einblick

Das Freilichtmuseum zeigt Arbeitstechniken und Alltagsleben vergangener Zeiten

in das Alltagsleben der vergangenen Jahrhunderte verschaffen. *Ende März–Ende Okt. tgl. 10–17 Uhr, 22,50 hfl, Schelmseweg 89*

Groot Warnsborn

Auf der Speisekarte stehen viele (französische) Fischmenüs. Freundliche Bedienung. *So-Mittag geschl., Bakenbergseweg 277, Tel. 026/445 57 51, Kategorie 1–2*

Pension Vildtgaard

Nahe beim Haupteingang zum Nationalpark De Hoge Veluwe liegt dieses geschmackvoll eingerichtete Haus mit großem Kamin im Foyer. *2 Zi., Koningsweg 23, Tel. 026/442 57 18, Fax 351 61 29, Kategorie 3*

Stationsplein 45, Tel. 0900/202 40 75, Fax 026/442 26 44

Airborne Museum
Oosterbeek (118/A 5)

Wenige Kilometer westlich bei Oosterbeek erinnern Fotos, Filmfragmente, Uniformen und Waffen an die Schlacht von Arnhem im September 1944. *Mo–Fr 11–17, Sa/So 12–17 Uhr, 7 hfl, Utrechtseweg 232*

Apeldoorn (118/B 4)

Das uralte Heidedorf am östlichen Rand der Veluwe war lange ziemlich bedeutungslos. Das änderte sich erst, als Wilhelm III. von Oranien in seinem Jagdrevier nördlich von Apeldoorn 1692 ein stattliches Schloss bauen ließ, das noch immer als größte Attraktion des Ortes gilt. Heute ist Apeldoorn eine beschauliche Villenstadt mit 152 000 Ew. und vielen Gärten und Parks. Das Lustschloss ★ *Paleis het Loo (Di–So 10–17 Uhr, 12,50 hfl, Koninklijk Park 1, Eingang Amersfoortseweg)* liegt mitten in einem weitläufigen, von hohen Bäumen umgebenen Park. Bis 1975 diente es der königlichen Familie als Sommerresidenz. Wilhelmina, die Großmutter von Königin Beatrix, lebte hier bis zu ihrem Tod 1962. Seit Mitte der Achtzigerjahre ist das Palais ein Museum. Sie finden hier 300 Jahre Oraniergeschichte: Gemälde, Silber, königliche Gewänder und in den Stallungen königliche Kutschen, Schlitten und Hofwagen.

Nationalpark
De Hoge Veluwe (118/A-B 4-5)

Mit einer Fläche von 5500 ha ist dieser Nationalpark das größte Naturschutzgebiet der Niederlande. De Veluwe, wie die Niederländer diese Heide- und Waldlandschaft kurz nennen, kann man auf einem 42 km langen Radwegnetz erkunden. Es gibt zahlreiche Wander- und Reitwege, von denen aus Sie zweifellos viele Tiere sehen werden: Füchse, Wiesel, Hirsche oder Wildschweine. Im Park liegt das ★ *Kröller-Müller-Museum (Di bis So 10–17 Uhr, Eintritt einschließlich Nationalpark 15 hfl, Otterlo):* Im ehemaligen Jagdschloss des Rotterdamer Kaufmanns Anthony Kröller finden Sie eine großartige Kollektion bildender Kunst aus dem 19. und 20. Jh. von van Gogh bis Braque und von Picasso bis Mondrian.

Zu Fuß oder per Rad geht es durch die Heidelandschaft: Hoge Veluwe

Das Museum ist von einem weitläufigen Skulpturenpark umgeben, mit Plastiken von Henry Moore, Paul Rodin u. a. *Park tgl. 8 Uhr–Sonnenuntergang, 7,50 hfl, Hoenderloo*

Zutphen (118/C 4)

Die kleine Festungsstadt (34 000 Ew.) 30 km nordöstlich an der IJssel ist sonntags ein beliebtes Ausflugsziel für Radler. Ein beachtlicher Teil der alten Stadtmauern und -tore ist bis heute erhalten geblieben. Das wohl schönste Beispiel dafür ist der *Berkelpoort,* ein Wassertor von 1312. Im Zentrum der einstigen Hansestadt stehen zahlreiche denkmalgeschützte Patrizierhäuser und andere historische Gebäude. Der vielen Kirchtürme wegen wurde der Ort früher die »turmreiche Stadt« genannt. Die größte Kirche, die *St. Walburgskerk,* ist reich an Wand- und Gewölbemalereien aus dem 15. Jh. Eindrucksvoll sind auch das kupferne Taufbecken und die Grabstätten der Grafen von Zutphen. Im Kapitelsaal finden Sie eine mittelalterliche Bibliothek *(librije)* mit 400 alten, zum Teil von Hand geschriebenen Büchern. Das Gotteshaus wurde 1999 gründlich renoviert. Im historischen Haus »De Wildeman« befindet sich zwischen dem aus dem 19. Jh. stammenden vorderen Teil und dem mittelalterlichen hinteren Teil eine Geheimkapelle von 1628. Außerdem zeigt hier das *Museum Henriette Polak (Di bis Fr 11–17, Sa/So 13.30–17 Uhr, 4 hfl, Zaadmarkt 88)* eine Sammlung moderner niederländischer Kunst. Die reiche Geschichte des Städtchens und der Grafschaft Zutphen wird im *Stedelijk Museum (Di–Fr 11–17, Sa/So 13.30 bis 17 Uhr, 5 hfl, Rozengracht 3)* anhand von Bildern, archäologischen Funden und einer Silberkollektion gezeigt. *Auskunft: Stationsplein 39, Tel. 0900/269 28 88, Fax 0575/51 79 28*

LELYSTAD

(117/F 2) Die Hauptstadt der Provinz Flevoland trägt ihren Namen zu Ehren von Cornelis Lely, dem »Erfinder« des Abschlussdeichs und der Trockenlegung der Zuiderzee. Sie ist mit Enkhuizen in Noord-Holland über einen knapp 30 km langen Damm verbunden. Die in den Sechzigerjahren auf dem Reißbrett entstandene Stadt (60 000 Ew.) ist wegen ihrer Nähe zum IJsselmeer ein vor allem bei Seglern und Surfern beliebtes Standquartier.

BESICHTIGUNGEN

Batavia Werf
In der Werft der Batavia sehen Sie die Rekonstruktion eines alten Segelschiffes. Der Dreimastschoner Batavia lief 1995 nach zehnjähriger Bauphase vom Stapel. In der gleichen Werft wird nun »De Seven Provinciën« gebaut, ein Replikat des Flaggschiffes von Admiral de Ruyter von 1665, die im Jahr 2005 ins Meer stechen soll. *15. Juni–Aug. tgl. 10–20 Uhr, 17,50 hfl, Oostvaardersdijk*

Natuurpark Lelystad
In diesem großen Park leben Störche, Rentiere, Hirsche, Biber und zahlreiche andere Tiere. Sie können zu Fuß oder mit dem Fahrrad auf Erkundungstour gehen. Möglich sind aber auch Führungen *(2,50 hfl, ab dem Informationspavillon). Frei zugänglich, Meerkoetenweg 1a*

MUSEEN

Nederlands Instituut voor Scheeps- en Onderwaterarcheologie
In diesem 1999 in der Batavia Werf eingerichteten Museum für Schiffs- und Unterwasserarchäologie finden Sie Wracks und andere nautische Sehenswürdigkeiten, die beim Einpoldern der Zuiderzee entdeckt worden sind. *15. Juni–Aug. tgl. 10–20 Uhr, 17,50 hfl, Oostvaardersdijk*

Nieuw Land Poldermuseum
★ Das in einem futuristischen Gebäude gleich neben der Batavia-Werft eingerichtete Poldermuseum zeigt den Kampf der Holländer gegen das Wasser. Anhand von eindrucksvollen alten Filmen und Ausstellungen wird die Geschichte der Zuiderzee erzählt und erklärt, wie aus dem Wasser Polderland entstanden ist. *Mo–Fr 10–17, Sa/So 11.30–17 Uhr, 8,50 hfl, Oostvaardersdijk 1–13*

RESTAURANTS

De Blauwe Lely
In diesem Haus auf dem Deich kommen französische angehauchte Fisch- und Fleischgerichte auf den Tisch. *Nov.–April Mo/Di geschl., Oostvaardersdijk 57, Tel. 03 20/26 20 22, Kategorie 2*

Dubbel Op
Wer die Wahl hat, hat die Qual: In diesem Pfannkuchenrestaurant in der Nähe des Zentrums können Sie aus mehr als 25 Sorten *pannenkoeken* auswählen. *Mo/Di mittags geschl., Tel. 03 20/28 08 00, Kategorie 3*

ÜBERNACHTUNG

Doors Logies
Bed-&-Breakfast-Gelegenheit in einfachem Haus. *2 Zi., Bronsweg 18, Tel. 03 20/23 38 01, Kategorie 3*

De Lange Jammer
Freundliches Hotel aus den Fünfzigerjahren rund 3 km von der

Bataviawerft. Die 40 Apartments bestehen aus je einem Wohn- und einem Schlafzimmer (keine Kochmöglichkeit). *Oostvaarders dijk 31, Tel. 0320/26 04 15, Fax 26 20 19, Kategorie 2–3*

Mercure

Zu diesem großen, modernen Hotel und Kongresshaus zwei Gehminuten vom Bahnhof gehören auch ein französisches sowie ein mexikanisches Restaurant. Im gleichen Gebäudekomplex befindet sich außerdem ein Spielkasino. *86 Zi., Agoraweg 11, Tel. 0320/24 24 44, Fax 22 75 69, Kategorie 1*

AM ABEND

Mystic Paradise

Große Disko (1000 Plätze), vor allem House und Drum 'n' Bass. *Fr/Sa 23–6 Uhr, Middenweg 100*

AUSKUNFT

Stationsplein 186, Tel. 0320/ 24 34 44, Fax 28 02 18

ZIELE IN DER UMGEBUNG

Blokzijl (113/F 6)

Der ehemalige Zuiderzeehafen gut 35 km nordöstlich hat viel von seinen alten Reichtümern bewahrt. Besonders schön sind die sorgfältig renovierten Kaufmannshäuser rund um den Hafen. Blokzijl war in früheren Jahren ein berüchtigtes Piratennest. Heute liegen im Sommer im Hafen zahlreiche moderne Yachten vertäut. Bei der Schleuse finden Sie das gerühmte Restaurant *Kaatje bij de Sluis (Sa-Mittag, Mo und Di geschl., Tel. 0527/29 18 33, Kategorie 1).*

Giethoorn (114/A 6)

★ Autos und Fahrräder suchen Sie hier vergebens, denn das einzige Transportmittel zwischen den von Seen und Kanälen umgebenen Orten des Moorgebiets, das im Volksmund »Venedig des Nordens« genannt wird, ist das Boot oder der Stechkahn. Das ehemalige Moordorf (12 000 Ew.) 45 km nordöstlich zieht im Sommer viele Touristen an. Überall kann man Boote mieten und die spezielle Technik des *punteren* lernen: Mit einem langen Stab »sticht« man das Schiff Meter um Meter vorwärts.

Kampen (118/B 1)

In der alten Hansestadt 35 km östlich von Lelystad ist ein Großteil der Wehranlagen aus dem Mittelalter erhalten geblieben. Vor allem die drei Stadttore, die wasserdicht geschlossen werden konnten, sind sehenswert. Der einstige Reichtum ist heute noch an den zahlreichen denkmalgeschützten Herrenhäusern sichtbar. Im *Tabakmuseum (April–Dez. Do–Sa 11–12.30 und 13.30–17 Uhr, 4 hfl, Botermarkt 3)* finden Sie eine 5 m lange Zigarre – es ist die längste der Welt! *Auskunft: Botermarkt 5, Tel. 038/331 35 00, Fax 332 89 00, www.kampen.nl*

Staphorst (118/C 1)

◉ In diesem Ort rund 70 km östlich wird die Lehre von Calvin noch sehr streng ausgelegt. Die Tracht, die die Frauen am Sonntag in der Kirche tragen, ist keine folkloristische Touristenattraktion, und man sieht es nicht gern, wenn Fotos gemacht werden. Bei der Kirche ist das Fotografieren sogar mit einem Verbotsschild untersagt.

Urk (113/E 6)

★ 25 km nordöstlich liegt das wohl schönste Fischerdörfchen in den Niederlanden. Am malerischen Hafen können Sie die Kutter der Flotte auslaufen sehen. Eindrucksvoll ist der Gedenkstein im Dorfzentrum, der an die Fischer erinnert, die im Sturm ertrunken sind. Die ehemalige Insel lockt außerdem mit ==mehreren guten Fischrestaurants==, z. B. *De Zeebodem (So geschl., Wijk 1–67, Tel. 0527/68 32 92, Kategorie 2).*

Zwolle (118/C 2)

Schon von weitem fällt der markante 🌸 Turm der *Onze Lieve Vrouwekerk* auf. Das 80 m hohe Bauwerk heißt im Volksmund *peperbustoren* (Pfefferbüchsenturm). Von dort haben Sie eine schöne Aussicht über das historische Herz der 45 km östlich gelegenen Stadt, den sternförmig angelegten Stadtgraben und die zum Teil in die Stadtmauern eingebauten alten Häuser. Dabei sticht der fünftürmige *Sassenpoort* (Sachsentor) von 1408 ins Auge. Der Ort (104 000 Ew.), der sich später der Hanse anschloss, entstand bereits im 8. Jh., als sich friesische Kaufleute zwischen den beiden Nebenarmen des Flusses Zwarte Water niederließen. Später baute man den Hafen mit zahlreichen Handelshäusern und Speichern. Heute lebt die Stadt von Handel, Industrie und Viehzucht. Freitags findet in Zwolle der zweitgrößte Viehmarkt der Niederlande statt. In einem Kloster aus dem 16. Jh. befindet sich das mit zwei Michelinsternen dekorierte französische Restaurant *De Librije (Sa-Mittag, So und Mo geschl., Boerenkerkplein 13, Tel. 038/421 20 83, Kategorie 1).* 1999 wurde es von

Markant: der fünftürmige Sassenpoort

niederländischen Gastrokritikern sogar zum besten des Landes gekürt. Unbedingt reservieren!

NIJMEGEN

(123/E 3) Die gemütliche Stadt (151 000 Ew.) an der Waal ist berühmt für ihre Thermalquellen. Eine wichtige Rolle spielt auch die Universität – das junge Volk bringt viel Leben in die Stadt. Der Ort schaut auf eine bewegte Vergangenheit zurück: Mehr als 20 Jahrhundert haben ihre kulturellen und historischen Spuren hinterlassen. Karl der Große ließ auf dem Valkhof eine Pfalz errichten, und Friedrich Barbarossa besaß hier eine Burg. Im Zweiten Weltkrieg zerstörten deutsche Bomben einen Teil der Innenstadt.

BESICHTIGUNG

Stadhuis

Das Rathaus aus dem 17. Jh. wurde nach dem Krieg im alten niederländischen Renaissancestil aufgebaut. *Besichtigung nur mit VVV-Führungen möglich (2,50 hfl), Grote Markt, Tel. 024/322 51 46*

MUSEEN

Bijbels Openlucht Museum

In einem Vorort im Südosten ist das Bibelfreilichtmuseum beheimatet. Im Mittelpunkt steht das Christentum, beleuchtet werden aber auch andere Religionen. *Mitte März–Anfang Nov. tgl. 9 bis 17.30 Uhr, 13,50 hfl, Profetenlaan 2, Heilig Landstichting*

Nationaal Fietsmuseum Velorama

Natürlich ist dem Drahtesel im Land des Fahrrads ein Museum gewidmet. Sie sehen 250 historische Zwei- und Dreiräder sowie ein paar Oldtimer. *Mo–Sa 10–17, So 11–17 Uhr, 6 hfl, Waalkade 107*

RESTAURANTS

An der ✝ *Waalkade* am Flussufer gibt es zahlreiche Straßencafés, in denen man auch essen kann.

Het Heimwee

Kreative französische Küche, freundliche Bedienung. *Mittags geschl., Oude Haven 7680, Tel. 024/322 22 56, Kategorie 1–2*

't Hoogstraatje

Pfannkuchenrestaurant in einem denkmalgeschützten Haus von 1892. Zentral. *Tgl., Hoogstraat 3, Tel. 024/360 46 59, Kategorie 3*

ÜBERNACHTUNG

Atlanta

Hübsches Mittelklassehotel im Zentrum. Zum Haus gehört ein Grandcafé mit großer Terrasse. *31 Zi., Grote Markt 38–40, Tel. 024/360 30 00, Fax 360 32 10, Kategorie 2*

BÄDER

Sanadome

Im Kur- und »Verwöhnzentrum« können Sie sich in den Thermalquellen oder im Kräuterbad entspannen. *Tgl. 9–22.30 Uhr, 30 hfl, Weg door Jonkerbos 90*

AM ABEND

De Mythe

Diskothek, bekannt für spezielle Partys. Erkundigen Sie sich beim VVV-Büro. *Do–Sa 23–4 Uhr, Platenmakersstraat 3*

AUSKUNFT

Keizer Karelplein 2, Tel. 0900/112 23 44, Fax 024/329 78 79

Keine *dropjes* für Männer im geschlechtsreifen Alter?

Lakritze gehört zur niederländischen Gesellschaft wie Rum zur Karibik. Es gibt kaum ein Handschuhfach im Auto, kaum eine Handtasche ohne die obligatorische Tüte *dropjes*. Nun haben Wissenschaftler entdeckt, dass diese Naschsucht eine schädliche Auswirkung aufs männliche Sexualleben hat. Der tägliche Konsum von mehr als 7 g Lakritzbonbons lässt den Testosteronspiegel um sage und schreibe 44 Prozent in den Keller sinken. Böse Zungen behaupten nun, dass die *dropjes* schuld an den zahlreichen künstlichen Befruchtungen seien.

Wo sanfte Hügel sich erheben

Schlemmen in Limburg und Noord-Brabant

Vergessen Sie alles, was Sie in topografischer Hinsicht bisher über die Niederlande gelesen haben, denn in Limburg ist alles anders. Während die Landschaft anderswo topfeben ist, kann Ihr Blick hier in der südlichsten Provinz der Niederlande über sanft abfallende Hügel schweifen. In Südlimburg heißt ein Gebiet sogar »Klein Zwitserland«, und mit 321 m ist der Vaalser Berg beim deutsch-niederländisch-belgischen Dreiländereck die höchste Erhebung der Niederlande. Auch die Mentalität der Menschen ist ganz anders als im Norden. Die vorwiegend katholischen Limburger sind lebenslustige, fröhliche Genießer – ein Umstand, den sie vielleicht den Römern zu verdanken haben, die einst ihre Handelsniederlassungen an der Maas errichteten. Die Provinz ist das Zentrum der Feinschmecker. Nirgendwo im ganzen Land wird besser und sorgfältiger gekocht. Limburgische Spargel sind ebenso ein nationaler Begriff wie *vlaai,* ein Obstkuchen mit Puddingfüllung. Bekannt ist die Region aber nicht zuletzt auch für ihr gutes Bier. Das Volk im Süden hat eine bewegte Geschichte hinter sich, war mal französisch, mal belgisch, mal deutsch und gehört erst seit gut hundert Jahren zu den Niederlanden. Fragen Sie also niemals einen Limburger, ob er ein Holländer sei – das ist eine Beleidigung für ihn. An Limburg grenzt im Westen die Provinz Noord-Brabant mit den beiden Städten Eindhoven und 's-Hertogenbosch. Mit den Limburgern haben die Brabanter vor allem eines gemein: Sie essen beide gerne.

's-HERTOGENBOSCH

(122/C 3-4) 's-Hertogenbosch bedeutet wörtlich »in den Wäldern des Herzogs«, doch wird der lange Name meist auf Den Bosch verkürzt. Die am Zusammenfluss von Domel und Aa gelegene Hauptstadt der Provinz Noord-Brabant ist das historische und kulturelle Zentrum dieses Landstrichs. Im späten Mittelalter entwickelte sich Den Bosch zum

Dass das lebenslustige Maastricht leiblichen Genüssen zugeneigt ist, merkt man schon am Straßenbild

Markttag in Den Bosch: Die Stadt gilt als die »gezelligste« der Niederlande

Zentrum des Woll- und Tuchhandels. 1794 wurde die Stadt von den Franzosen erobert, später nahmen die Preußen sie ein. Während die städtischen Festungsanlagen die Zeiten nicht überdauerten, haben die 128 000 »Herzogenbuscher« nichts von ihrem lebensfrohen Naturell eingebüßt – wie vor allem zur Karnevalszeit zu merken ist. 's-Hertogenbosch hat den Ruf, die *gezelligste* Stadt der Niederlande zu sein.

BESICHTIGUNGEN

Bootsrundfahrt

★ Eine Rundfahrt auf der durch die Stadt fließenden *Binnendieze* ist etwas ganz Besonderes, weil die Schiffe teilweise unter den Gebäuden durchfahren. *April bis Okt. Di–So 11–17, Mo 14–17 Uhr immer zur vollen Stunde, 8 hfl, Molenstraat 15a*

St. Janskathedraal

Die großartige spätgotische Kreuzbasilika steht im Zentrum des Altstadtdreiecks. Es gibt kaum eine andere niederländische Kirche mit so üppigen Ornamenten. Mi von 11.30 bis 12.50 Uhr ist im Turm das Glockenspiel mit seinen 50 Glocken zu hören. *Tgl. 10.30–17 Uhr, 2 hfl, Choorstraat*

MUSEEN

Kruithuis

In dem »Pulverhaus« von 1621 wurde früher das Schießpulver gelagert. Heute findet man im Turm der Zitadelle hinter den 1 m dicken Mauern zeitgenössische Kunst, unter anderem eine Keramiksammlung aus den Fünfziger- und Sechzigerjahren. Das Museum ist wegen Renovierung seines Stammsitzes in der Citadellaan vorübergehend ausgelagert: *Mi–So 13–17 Uhr, kein Eintritt, Hekellaan 2*

Noordbrabants Museum

Im ehemaligen Gouverneurspalast aus dem 18. Jh. finden Sie eine Kollektion, die Kultur, Geschichte und bildende Kunst aus den südlichen Niederlanden umfasst. *Di–Fr 10–17, Sa/So 12–17 Uhr, 10 hfl, Verwersstraat 41*

RESTAURANTS

De Eeterij
Deftige Landküche mit Fleisch und Gemüse aus der Umgebung. *Tgl., Brede Haven 13, Tel. 073/614 58 84, Kategorie 3*

De Opera
Internationale Küche zwischen antikem Kinderspielzeug: Das Pächterehepaar leidet an Sammelwut – und serviert ausgezeichnete Fisch- und Spargelgerichte. *Mittags und So geschl., Hinthamerstraat 115–117, Tel. 073/613 74 57, Kategorie 1*

De Truffel
Die Trüffelrahmsauce gehört zu den Spezialitäten dieses Hauses. Den besten Platz haben Sie in der Nähe der offenen Küche. *Mittags geschl., Korte Putstraat 14–16, Tel. 073/614 27 42, Kategorie 2*

Brasserie In Den Zevenden Hemel
Klassische, leicht französisch angehauchte Küche in angenehmer Atmosphäre. *Mittags und Di geschl., Korte Putstraat 13–17, Tel. 073/690 14 51, Kategorie 2*

CAFÉS

Wer Durst hat oder einfach nur ein nettes Café besuchen möchte, geht am besten in die *Putstraat* oder in die *Parade* gleich neben der Kathedrale. Dort finden Sie ein Lokal neben dem anderen.

ÜBERNACHTUNG

Barkhotel
Das Mittelklassehotel unweit des Zentrums bietet 40 angenehme Räume. *Zandzigerstraat 101, Tel. 073/644 14 00, Fax 644 13 37, Kategorie 2*

AUSKUNFT

Markt 77, Tel. 0900/112 23 34, Fax 073/612 89 30

ZIEL IN DER UMGEBUNG

Berkel-Enschot   (122/B 4)
Rund 25 km südöstlich von Den Bosch befindet sich in diesem Vorort von Tilburg eine der originellsten Bierbrauereien des Landes. In der dortigen Abtei brauen Mönche nach Rezepten

---

MARCO POLO TIPPS FÜR DEN SÜDEN

1 Bonnefantenmuseum Maastricht
Ob von außen oder von innen: Hier finden Sie in jedem Fall etwas fürs Auge (Seite 81)

2 Bootsfahrt durch 's-Hertogenbosch
Stadtrundfahrt mit dem Boot unter den Häusern durch (Seite 78)

3 St.-Pietersberg-Grotten in Maastricht
Eine unvergessliche Stunde in den 200 km langen Grottengängen (Seite 80)

4 Vaalser Berg
In der hügeligen Landschaft Südlimburgs tragen die Lokale auf einmal Namen wie»Berg und Tal« (Seite 82)

aus dem 19. Jh. das so genannte Trappistenbier. Sie können den Klosterbrüdern bei ihrer Arbeit zuschauen und das Bier hinterher in der Probierstube *(proeflokaal)* testen. *Trappistenbrouwerij De Schaapskooi, Juli/Aug. tgl., sonst nach Absprache, Tel. 013/535 81 47*

MAASTRICHT

(124/A 5–6) In der Hauptstadt der Südprovinz Limburg sei das Leben besser als anderswo, behaupten (nicht nur) die Einheimischen. So lautet denn auch der Werbeslogan der Stadt: *Maastricht, dat gun je jezelf* (»Maastricht muss man sich einfach gönnen«). Der lebenslustige, quirlige Ort am Fuß des St. Pietersberg hat ein fast burgundisches Gesicht, und seine gut 120 000 überwiegend katholischen Bewohner sind anders als der Rest der Niederländer. Das werden Sie schon an der Sprache bemerken, denn hier spricht man einen eigenen Dialekt, der zwar mit deutschen Worten gespickt ist, sich aber doch nicht so einfach verstehen lässt. Die alte Festungsstadt blickt auf eine bewegte Geschichte zurück: Schon etwa 50 v. Chr. ließen sich römische Händler an dem Fluss nieder, der der Stadt den Namen gibt. Um 380 n. Chr. verlegte Bischof Servatius seinen Sitz von Tongeren nach Maastricht. Im Verlauf der Geschichte hatte die Perle im Süden der Niederlande zum Machtbereich der Herzöge von Brabant, der Spanier, der Oranier, der Franzosen und der Belgier gehört.

BESICHTIGUNGEN

Helpoort

Das »Tor zur Hölle« war Teil der ersten Stadtmauern von 1229. Es ist das einzige Stadttor, das übrig geblieben ist. *Ostern–Sept. tgl. 14–17 Uhr, kein Eintritt, St. Bernardusstraat*

St.-Pietersberg-Grotten

★ Diese berühmten Grotten sind durch die Abtragungen von Mergel als Baustein entstanden. Im Lauf der Jahrhunderte kam so ein Labyrinth mit mehr als 20 000 Gängen zu Stande. Während den vielen Belagerungen von Maastricht dienten die Grotten als Schutzraum. Achtung: In den Grotten herrscht eine Temperatur von neun bis zehn Grad! *Ostern–Sept. tgl. mehrere Führungen à 1 Std., Eingang Nordgrotten Lukerweg 71, Eingang Südgrotten Slavante 1 bei den ENCI-Werken, 5,75 hfl*

»Wer flucht, sündigt«

Eine Organisation der besonderen Art ist der *Bond tegen het vloeken.* Das Wahrzeichen dieses Bundes gegen das Fluchen, der Papagei im roten Verbotsdreieck, ermahnt die Reisenden auf jedem Bahnhof von der Plakatwand: »Fluchen ist angelernt, plappere nicht nach!« 1917 wurde der Bund von einem Matrosen gegründet, der sich nach all den langen Jahren auf See an der groben Sprache seiner Landsleute störte. Daran hat sich nichts geändert. Noch heute lautet das Motto der 17 000 zumeist bibelfesten Mitglieder: »Wer flucht, sündigt.«

St.-Servaaskerk

Über dem Grab des heiligen Servatius entstand im 11. Jh. diese Kirche. Karl der Große legte den Grundstock für einen bedeutenden Reliquienschatz, den man bis heute besichtigen kann. Sehenswert ist auch das Bergportal aus dem 13. Jh., dessen Reliefs biblische Szenen zeigen. *April–Sept. tgl. 10–17, Okt.–März So 12.30 bis 17 Uhr, 2,50 hfl, Keizer Karelplein 3*

Vrijthof

Im Zentrum finden Sie diesen schon fast »unniederländischen« Platz. Wegen der vielen Platanen und Straßencafés wähnt man sich in einer französischen Stadt.

MUSEEN

Bonnefantenmuseum

★ In diesem wie im Silo im Raketendesign aussehenden Bau des italienischen Architekten Aldo Rossi finden Sie vor allem viele Pieter-Brueghel-Bilder. Daneben gibt es eine interessante Archäologieabteilung sowie eine große Sammlung Maastrichter Keramik und Silber. Bekannt ist das Museum außerdem für seine interessanten Wechselausstellungen. *Di–So 11–17 Uhr, 12,50 hfl, Avenue Céramique 250*

Museum Spaans Gouvernement

Kapitelhaus aus dem 16. Jh. mit einer Reihe von Gemächern, die wie anno dazumal eingerichtet sind. Die Möbel stammen aus dem 18. Jh., ebenso das Silber. *Mi–So 13–17 Uhr, 5 hfl, Vrijthof 18*

RESTAURANTS

Rund um den Vrijthof finden Sie zahlreiche Restaurants. Sobald Sie den ersten Bissen gegessen haben, werden Sie merken, dass das Essen in dieser Gegend wesentlich besser als im Norden ist.

La Carponnière

Die französischen Fischmenüs schmecken vorzüglich. *Mo und Di geschl., Luikerweg 80, Tel. 043/ 321 71 33, Kategorie 2*

La Couronne d'Or

In diesem Haus unweit vom Bahnhof speisen Sie wie Gott in Frankreich. *So geschl., Stationsstraat 2, Tel. 043/321 38 38, Kategorie 2*

Bistro-Brasserie Gallië

Der Gallier Asterix hätte bestimmt seine Freude an den schmackhaften Fleischgerichten! *Mo geschl., Achter het Vleeshuis 27, Tel. 043/321 63 75, Kategorie 3*

Jean la Brouche

Unweit vom Vrijthof köstliche Fisch- und Fleischgerichte mit aparten Saucen. *Mittags, So und Mo geschl., Tongersestraat 9, Tel. 043/ 321 46 09, Kategorie 1*

CAFÉ

In de Gouden Vogelstruys

❂ Eine der schönsten Kneipen der Stadt und so etwas wie das Wohnzimmer der Maastrichter. Unter den Porträts alter Stammkunden trinken morgens vor allem die älteren Einheimischen ein Gläschen. Im Sommer sitzt man draußen. *Tgl. 9.30–2 Uhr, Vrijthof 15*

ÜBERNACHTUNG

Hotel Résidence Beaumont

Freundliches Mittelklassehotel zwischen Bahnhof und Wycker

Brücke mit eigenem Restaurant. *117 Zi., Wycker Brugstraat 2, Tel. 043/325 44 33, Fax 325 36 55, Kategorie 2*

Du Casque

Gleich um die Ecke beim Vrijthof befindet sich dieses moderne Viersternehotel. *38 Zi., Helmstraat 14, Tel. 043/321 43 43, Fax 325 51 55, Kategorie 1*

Hotelboot

Die Maas wiegt einen in den Schlaf, obwohl das Schiff selbst nicht unbedingt romantisch ist. *30 Zi., Maasboulevard 95, Tel. 043/321 90 23, Fax 321 70 34, Kategorie 3*

AM ABEND

La Gare

Bar und Diskothek in Bahnhofsnähe. Verschiedene DJs. *Di–So 22–5 Uhr, Spoorweglaan 6*

AUSKUNFT

Kleine Staat 1, Tel. 043/325 21 21, Fax 321 37 46, www.vvvmaastricht.nl

ZIELE IN DER UMGEBUNG

Vaalser Berg   (124/C 6)

★ Mit sage und schreibe 321 m ist der Vaalser Berg der absolut höchste Punkt der Niederlande. Er liegt 25 km südöstlich von Maastricht im Dreiländereck Niederlande/Deutschland/Belgien. Wer sich verirren möchte, kann sich in das aus 17 000 Buchsbäumen bestehende Grenzlabyrinth begeben. Eine herrliche Aussicht auf Aachen, die Ardennen-Ausläufer und das limburgische Hügelland haben Sie vom König-Baudouin-Turm aus.

Valkenburg   (124/B 5)

Das limburgische »Bergstädtchen« gut 10 km östlich von Maastricht besitzt eine lange touristische Tradition. Schon im 19. Jh. kamen die Reichen von Aachen und Lüttich, um sich hier zu erholen. Mittlerweile tummeln sich in Valkenburg (18 000 Ew.) im Sommer Tausende von Menschen, sodass man schon von Massentourismus sprechen muss. Wie früher kommen auch heute noch viele zum Baden im mineralhaltigen Wasser *(Thermae 2000)*. Das Städtchen ist auch ein Mekka für junge Radler, bei denen die in dieser Gegend häufigen Haarnadelkurven äußerst beliebt sind. *Auskunft: Th. Dorrenplein 5, Tel. 0900/97 98, Fax 043/609 86 08*

VENLO

(124/C 2) Die Grenzstadt (64 000 Ew.) ist bei Deutschen als Einkaufsstadt sehr beliebt. Kein Wunder, Venlo ist nur etwa eine

Niederländer im Höhenrausch: Der Vaalser Berg im Dreiländereck ist der höchste Punkt des Landes

82

Die Ruine Valkenburg thront über dem gleichnamigen »Berg«-Städtchen

halbe Stunde von Düsseldorf und dem Ruhrgebiet entfernt. Die Stadtrechte hat Venlo schon im Mittelalter erhalten, als die Maas-Stadt ein wichtiger Handelsplatz war. Landwirtschaftliche Güter sind heute noch wichtig: Die Tomaten, Champignons, Spargel und Gurken, die in den Gewächshäusern und auf den Feldern der Umgebung wachsen, werden in Venlo umgeschlagen. In den letzten Jahren geriet das Städtchen immer wieder in die Schlagzeilen, weil die Maas große Teile überschwemmt hatte. Der Wirt vom *Café Witte (Parade 28)* hat rechts von der Eingangstür Schilder montiert, die auf die letzten Hochwasser hinweisen.

MUSEEN

Goltziusmuseum
Das nach dem Venloer Humanisten Hubertus Goltzius (1526 bis 1583) benannte Museum gibt einen Einblick in die Geschichte der Stadt und ihrer Umgebung. *Mo–Fr 10–17, Sa/So 12–17 Uhr, 2,50 hfl, Goltziusstraat 21*

Museum Van Bommel Van Dam
Hier wird vor allem zeitgenössische Kunst gezeigt. *Di–Fr 10 bis* 16.30, Sa/So 14–17 Uhr, 3,50 hfl, Deken van Oppensingel 8

RESTAURANT

Valuas
Reichhaltige, internationale Küche – das Spektrum reicht von spanischen Vorspeisen bis zu amerikanischen Steaks. *Sa-Mittag und So geschl., Sint Urbanusweg 9–11, Tel. 077/354 11 41, Kategorie 1–2*

EINKAUFEN

Venlo ist bekannt für seinen kunterbunten, viel besuchten *Samstagsmarkt (8–14 Uhr)*. Daneben gibt es donnerstags einen großen *Blumen- und Pflanzenmarkt (15 bis 20.30 Uhr)*.

ÜBERNACHTUNG

Parkhotel
Freundliches Familienhotel in der Nähe des Bahnhofs. *19 Zi., Keulsepoort 14, Tel. 077/351 54 54, Fax 352 14 44, Kategorie 2*

AUSKUNFT

Koninginneplein 2, Tel. 077/354 38 00, Fax 320 77 70

Von West-Brabant ins Inselreich Zeeland

Wandern, radeln, surfen und segeln: Im Südwesten der Niederlande ist Natururlaub Trumpf

Tauchen in der Brandung vor der Küste von Walcheren, segeln auf der Oosterschelde oder windsurfen auf dem Veerse Meer: Wassersportler finden in der Provinz Zeeland genug Platz, um ihrem Hobby zu frönen. Wer Lust hat, kann sich sogar jeden Tag einen anderen Strand suchen, denn die westlichste Provinz der Niederlande besteht aus mehreren Inseln, die über zahlreiche Dämme und Brücken miteinander verbunden sind. In dieser Gegend, wo so manche Flutkatastrophe Menschenleben vernichtet und Häuser zerstört hat, kann man entdecken, was die Holländer alles bewerkstelligt haben, um der Wassermassen Herr zu werden. Wer genug hat von Sonne, Strand und Wasser, kann sich in die reiche Geschichte der Zeeland-Inseln vertiefen: etwa in der Hauptstadt Middelburg, die

an die tausend unter Denkmalschutz stehende Gebäude zählt, oder, schon im westlichen Zipfel der Provinz Noord-Brabant gelegen, in den mittelalterlichen Handelsstädten Bergen op Zoom und Breda. Ausführliche Informationen zur Provinz Zeeland finden Sie im MARCO POLO Band »Holländische Küste«.

BERGEN OP ZOOM

(121/D-E 4–5) Wenn Sie gerne Sardellen, Spargel und Erdbeeren mögen, sind Sie in der ehemaligen Markgrafenstadt (64 000 Ew.) genau am richtigen Ort. Aus der Oosterschelde kommen die Fische, und die Spargel und Erdbeeren wachsen in den Treibhäusern östlich der Stadt. Die frühmittelalterlichen Stadtmauern erinnern noch heute an die blühende Zeit der Markgrafen, als die Oosterschelde die wichtigste Verbindungsroute nach Antwerpen darstellte und Bergen mit der halben Welt Handel trieb. Die Stadt verlor ihre Bedeutung,

Familienfreundliche Orte und breite Strände: Zeeland eignet sich bestens für einen Urlaub mit Kindern

85

als die Meeresbucht um 1550 immer mehr versandete und die Schiffe auf der Westerschelde nach Belgien fuhren.

Gevangenpoort oder Lievevrouwepoort

Unweit vom Markiezenhof findet man ein Tor aus weißem Naturstein. Dieses älteste Baudenkmal von Bergen op Zoom ist ein übrig gebliebener Teil der Verteidigungsmauern, die im frühen 14. Jh. angelegt wurden. *Lieve Vrouwenstraat*

Grote Markt

Auf dem dreieckig gestalteten Platz im Herzen der Stadt gibt es viele Kneipen und Restaurants, von denen Sie einen schönen Blick auf die mittelalterlichen Gebäude mit reich verzierten Giebeln haben. Ebenfalls auf dem Marktplatz befindet sich das *Stadhuis* (Rathaus), das für diesen verhältnismäßig kleinen Ort ziemlich beeindruckend ist. Es besteht eigentlich aus drei Gebäuden: dem ursprünglichen *Schepenhuis*, dem Haus *Leeuwenborch* auf der rechten Seite und dem Haus *De Olifant* zur Linken. Das Stadttheater *Stadsschouwburg de Maagd* ist in einer ehemaligen katholischen Kirche auf dem Marktplatz untergebracht.

Markiezenhof

Das schönste Gebäude in Bergen wurde zwischen 1485 und 1525 für den Markgrafen von Bergen gebaut. Heute hat im Markiezenhof das Gemeindemuseum seinen Sitz. *April–Sept. Di–Fr 11 bis 17, Okt.–März 14–17 Uhr, 5 hfl, Steenbergestraat 8*

Auf dem *Grote Markt* gibt es zahlreiche Restaurants und Cafés, die Gerichte der Gegend und Regionalprodukte anbieten.

De Pampelmoes

Das hübsche Bistro serviert französisch-niederländische (Fisch-) Gerichte und sehr leckere (Erdbeer-)Desserts. Freundliche Atmosphäre. *Di geschl., Bosstraat 17, Tel. 0164/25 30 90, Kategorie 2*

Hotel Mercure De Draak

Das vornehme, alte Hotel – laut den Annalen die älteste Herberge der Niederlande – befindet sich am Rand vom Grote Markt. Wenn Sie ein Zimmer mit Blick auf den Marktplatz haben, ist es zwar nicht ganz ruhig, doch die Atmosphäre ist einmalig. *43 Zi., Grote Markt 36–38, Tel. 0164/ 23 36 61, Fax 25 70 01, Kategorie 2*

Stationsstraat 4, Tel. 0900/ 202 03 36, Fax 0164/24 60 31

BREDA

(122/A 4) Die Bischofsstadt im Westen der Provinz Noord-Brabant (159 000 Ew.) strahlt Gemächlichkeit und Gemütlichkeit aus, egal ob man zu Fuß durch einen der vielen Parks streift, die Umgebung mit dem Fahrrad erkundet oder mit dem Rundfahrtboot auf der Mark fährt. Von der Hektik der Randstad werden Sie hier kaum etwas spüren. Früher, als Breda eine strategisch wichtige Rolle als Handelsstadt auf dem

Weg in den Norden spielte, war das anders – etwa im 80-jährigen Krieg, als man sich gegen die spanischen Herrscher zur Wehr setzen musste. Noch heute erinnert im Madrider Prado ein Gemälde des spanischen Malers Velázquez an die bewegte Geschichte: Das Bild »Die Übergabe von Breda« (»Las Lanzas«) zeigt die Rückeroberung der Stadt durch den spanischen Feldherrn Spinola im Jahr 1625.

BESICHTIGUNGEN

Grote Kerk oder Onze Lieve Vrouwekerk

Das wuchtige spätgotische Gotteshaus an der Westseite vom Grote Markt mit seinem 97 m hohen Turm dominiert das Stadtbild schon von weitem. Hier liegen die prunkvollen Gräber der Grafen von Nassau. Übrigens lohnt es sich, das alte Holzschnitzwerk im Chor etwas ausführlicher zu betrachten: Die zwei Männer auf dem Motorrad sollten Sie sich nämlich nicht entgehen lassen! *Mo–Sa 10–17, So 13–17 Uhr, 3 hfl, Kerkplein 2*

Kasteel van Breda

In der ehemaligen Residenz der Grafen von Nassau am Kasteelplein residiert die Militärakademie. Den Innenhof des vom Wasser umgebenen Schlosses kann man sich ansehen, die Gemächer sind jedoch nur im Rahmen einer VVV-Tour zu besichtigen.

RESTAURANT

Beecker & Wetselaar

Beliebtes *eetcafé* im Grandcaféstil. Vom ersten Stock aus hat man einen guten Überblick auf das Treiben im Parterre. *Mo geschl., Grote Markt 45–49, Tel. 076/522 11 00, Kategorie 2*

CAFÉ

De Bommel

⬦Großes, altehrwürdiges Café. Nachmittags treffen sich hier die Kunststudenten von der nahen Akademie, abends kommen vor allem Einheimische; an Wochenenden weicht man oft auf die Straße aus. Großes Biersortiment. *Mo–Do 10.30–1, Fr/Sa 10.30–2, So 15–2 Uhr, Halsstraat 3*

MARCO POLO TIPPS FÜR DEN SÜDWESTEN

1 De Efteling
Erholung zwischen Nixen und Elfen, Zwergen und Schlümpfen im beliebtesten Freizeitpark der Niederlande (Seite 88)

2 Delta-Expo
Staunen Sie über die geniale Wassertechnik der Niederländer (Seite 90)

3 Domburg
Ob im Liegestuhl oder beim Spaziergang in den Dünen: Im ältesten niederländischen Seebad kann man sich wunderbar entspannen (Seite 90)

4 Middelburg
Spazieren Sie durch die bewegte Geschichte Zeelands (Seite 88)

EINKAUFEN

Die wichtigste Einkaufsstraße ist die *Veemarktstraat.* In der Nähe vom *Grote Markt* finden Sie aber auch viele kleine Läden.

ÜBERNACHTUNG

Hotel Brasserie de Klok
Freundliches, zentral gelegenes Familienhotel. Abends können Sie auf der großen Terrasse gemütlich sitzen. *22 Zi., Grote Markt 26–28, Tel. 076/521 40 82, Fax 514 34 63, Kategorie 2*

Hotel Keyser
Einfaches Hotel im Herzen der Stadt. Gegenüber befindet sich ein großer Parkplatz. *80 Zi., Keizerstraat 5, Tel. 076/520 51 73, Fax 520 52 25, Kategorie 3*

AM ABEND

De Graanbeurs
♁Typische »braune Kneipe«, etwas schummrig. Viele Jugendliche, viele Spielautomaten. *Do und Sa 22–4, Fr 24–4 Uhr, Reigerstraat 20*

AUSKUNFT

Willemstraat 17–19, Tel. 076/ 522 24 44, Fax 521 85 30, www. bredadigitaal.nl/vvv

ZIELE IN DER UMGEBUNG

De Efteling   (122/B 4)
★ Rumpelstilzchen, Däumling und die sieben Zwerge heißen Sie in diesem Märchen- und Freizeitparadies für Jung und Alt willkommen. Auch die großen Achterbahnen sind sehr beliebt. Der älteste Vergnügungspark der Niederlande befindet sich 20 km

nordöstlich bei Kaatsheuvel. *Tgl. 10–18, im Sommer 10–21 Uhr, 37,50 hfl, Europalaan 1*

Ginneken   (122/A 4)
❂Die Umgebung von Breda ist ideal zum Radfahren. Besonders beliebt sind Ausflüge entlang der Mark, wobei die meisten Sonntagsradler anschließend in dem südlichen Vorort Ginneken (ca. 5 km) einkehren. Dort gibt es zahlreiche Kneipen und gemütliche Straßencafés.

MIDDELBURG

(120/B 4) ★ Die alten Stadttore und die stattlichen Patrizierhäuser sind bis heute charakteristisch für die charmante »rote« Hauptstadt der Provinz Zeeland mit ihren 44 000 Ew. Im 13. Jh. war der Ort auf der Insel Walcheren ein wichtiges Zentrum des Tuchmachergewerbes, und im 17. Jh. hatte die Vereinigte Ostindische Handelskompanie hier ihren Hauptsitz. Zahlreiche historische Speicher erinnern an die glorreiche Seefahrerzeit. Den Stadtkern, im Zweiten Weltkrieg von der deutschen Luftwaffe weitgehend zerstört, hat man wieder mit den typischen roten Backsteinen aufgebaut.

BESICHTIGUNGEN

Abdij
Die größte Attraktion dieses ehemaligen Klosters ist der Lange Jan, der 85 m hohe, achteckige Turm. Von Mai bis September werden Konzerte mit den 49 Turmglocken veranstaltet *(Do 12 bis 13, Sa 11–12 Uhr).* Das Kloster beherbergt das *Zeeuws Museum* zur zeeländischen Kulturgeschichte und dient als Regie-

rungssitz der Provinz Zeeland. Im Innenhof befindet sich ein Kräutergarten. *Mo–Sa 11–17, So 12 17 Uhr, 7,50 hfl, Abdij 4*

Miniatuur Walcheren

Die Insel Walcheren im Miniformat (im Maßstab 1:20) wurde 1954 von Liebhabern gebaut. Zum tollen Park mit hohen Bäumen gehört neben einem Restaurant auch ein Kinderspielplatz mit verschiedenen Attraktionen. *April–Okt. tgl. 10–17 (Juli/Aug. bis 18) Uhr, 11 hfl, Molenwater*

RESTAURANTS

Het Groot Paradijs

Das elegante Restaurant, in dem sehr gute Fisch- und Fleischgerichte serviert werden, ist mit einem der in den Niederlanden seltenen Michelinsterne ausgezeichnet. *So/Mo geschl., Damplein 13, Tel. 0118/65 12 00, Kategorie 1*

Surabaya

Indonesisches Restaurant am Rand des Zentrums. Hierhin gehen die Middelburger, wenn sie eine richtig gute Reistafel essen wollen. *Mo/Di und mittags geschl., Stationsstraat 20–22, Tel. 0118/63 59 14, Kategorie 2*

In den Zevenden Hemel

Eetcafé in der Nähe vom Bahnhof. Das kulinarische Angebot in diesem historischen Haus reicht von selbst gemachter Entenleberpastete bis zu würziger Krabbensuppe. *Di und mittags geschl., Stationsstraat 24, Tel. 0118/63 57 22, Kategorie 2–3*

EINKAUFEN

Middelburg ist bekannt für seinen ✿ *Donnerstagsmarkt.* Noch immer zieht die ältere Generation dabei die typisch zeeländische Tracht an.

ÜBERNACHTUNG

Arneville

Das edelste Hotel von ganz Middelburg befindet sich etwas außerhalb vom Zentrum. Zu dem Viersternehaus gehören eine Bar und ein Restaurant. *44 Zi., Buitenruststraat 22, Tel. 0118/63 84 56, Fax 61 51 54, Kategorie 1*

Die Abdij lohnt vor allem Do und Sa den Besuch: Dann erklingen 49 Glocken

Le Beau Rivage

Modern eingerichtetes, historisches Grachtenhaus wenige Gehminuten vom Grote Markt . *9 Zi., Loskade 19, Tel. 0118/63 80 60, Fax 69 26 73, Kategorie 2–3*

Grand Hotel du Commerce

Bequemes, aber einfaches Hotel im Herzen der Stadt. *46 Zi., Loskade 1, Tel. 0118/63 60 51, Fax 62 64 00, Kategorie 3*

AUSKUNFT

Nieuwe Burg 40, Tel. 0118/ 65 99 00, Fax 65 99 40

ZIELE IN DER UMGEBUNG

Delta-Expo Neeltje Jans (120/B 3)

★ Ein Besuch der Expo auf der ehemaligen Arbeitsinsel Neeltje Jans an der Straße über das Sturmflutwehr zwischen Schouwen und Beveland lohnt sich auf jeden Fall, denn dort werden die verschiedenen baulichen Flutschutzmaßnahmen anschaulich dargestellt. Imposant sind vor allem die 65 Pfeiler der Anlage, in deren Sockel sich je sechs Kammern mit einer Fläche von 8 × 20 m und einer Höhe von 12 m befinden. Wird das Wehr geschlossen, füllen sich diese Hohlräume mit Wasser. Die Deltawerke wurden so angelegt, dass die Gezeitenströme freien Lauf haben und das biologische Gleichgewicht nicht aus den Fugen gerät. Die gigantische Konstruktion macht deutlich, dass die Niederländer in der Disziplin »Zurechtbiegen der Natur« große Meister sind.

Domburg (120/A 4)

★ ♟ In diesem ältesten Badeort von Walcheren 13 km nordwestlich von Middelburg gibt es nicht nur einen breiten Sandstrand, sondern auch ein riesiges Dünengebiet. Schon im 19. Jh. kamen betuchte Bürger aus Middelburg hierher, um sich in der *zeebadinrichting* zu erholen. Noch immer gibt es zahlreiche stilvolle Gebäude aus jener Zeit. Heute reisen im Sommer vor allem junge Leute nach Domburg, um Sport und Spaß zu haben. Für sie wird im Juli und August jeden Donnerstag eine 15 km lange Tour auf Inlineskates organisiert. *Auskunft: Schuitvlotstraat 32, Tel. 0118/58 13 42*

Delta-Expo: Staunen Sie mit über die Wasserwunderwerke der Niederländer!

Renesse (120/B–C 3)

Am Fuß der Dünen in der Nordwestecke der Insel Schouwen-Duiveland liegt das Dorf Renesse. Die zahlreichen Touristen kommen aber nicht wegen der mittelalterlichen Kirche oder Slot Moermond, dem Schloss, das sich die Regenten von Renesse 1230 bauen ließen, sondern vor allem der tollen Sandstrände wegen. Diese sind 17 km lang und gehören zu den breitesten in ganz Zeeland. Der Badeort ist vor allem bei Jugendlichen sehr beliebt – nicht unbedingt zur großen Freude der Polizei, weil es im Sommer immer wieder zu Zwischenfällen kommt. Damit sich die verschiedenen Badegäste (jung, alt, Nacktbader) nicht in die Quere kommen, wurde das ganze Strandgebiet in Zonen eingeteilt. Gleich hinter dem Sandstrand erstreckt sich ein 1100 ha großes Wald- und Dünengebiet, das zu Fuß oder auf dem Fahrrad erkundet werden kann. Am Südeingang des Dorfes kann man das Auto gebührenfrei parken. Ein Bus befördert die Badegäste gratis zum Strand.

Veere (120/B 4)

7 km nördlich liegt dieses pittoreske historische Festungsstädtchen mit seinem eleganten Rathaus und dem intimen Marktplatz. Veere war ursprünglich ein Fischerdorf und lebte später hauptsächlich vom Wollhandel mit Schottland. Die Fischer und Wollhändler haben inzwischen Platz für die Wassersportler gemacht. Von Mai bis September werden Rundfahrten auf dem Veerse Meer angeboten. *Auskunft: Oudestraat 28, Tel. 0118/50 13 65*

Yerseke (120/C 4)

Das Fischerdörfchen auf Zuid-Beveland ist das größte Muschel- und Austernzentrum der Niederlande. Am Hafen finden Sie mehrere Fischrestaurants, zum Beispiel *Nolet's Vistro (Mo geschl., Tel. 0113/57 20 10, Kategorie 1–2)*.

Zeeuws Vlaanderen (120/A–C 5–6)

Spuren der Deichdurchbrüche und Überschwemmungen ziehen sich wie Narben durch diese südlichste Gegend der Provinz Zeeland, die nur per Fähre über die Westerschelde oder durch Belgien zu erreichen ist. Zahlreiche Polder und Deiche sind Zeugen des ständigen Kampfes, den die Bewohner in diesem Zipfel der Niederlande gegen das Wasser geführt haben. Das Gebiet, nur eine knappe Autostunde von Antwerpen, wird oft von belgischen Touristen besucht. Vor allem die Badeorte an der Westküste – *Breskens, Cadzand, Retranchement* – und das hübsche Grenzstädtchen *Sluis* sind im Sommer stark frequentiert. Es gibt zahlreiche Campingplätze, oft nur wenige Meter hinter dem Strand, aber auch Hotels und Pensionen.

Zierikzee (120/C 3)

Der Sint Lievensmonstertoren, Wahrzeichen des 33 000-Ew.-Ortes auf der Insel Duiveland, begrüßt Sie schon von weitem. Eigentlich hätte der *dikke toren*, wie die Einheimischen das unförmige Bauwerk nennen, 130 m hoch werden sollen – es sind aber bloß rund 60 m geworden. Im frühen Mittelalter war Zierikzee ein wohlhabender Handelshafen. Der Bau der Deltawerke gab dem Ort einen neuen Impuls. *Auskunft: Meelstraat 4, Tel. 0111/41 24 50*

Sommerresidenzen und beschauliche Einsamkeit

Die hier beschriebenen Routen sind in der Übersichtskarte im vorderen Umschlag und im Reiseatlas ab Seite 112 grün markiert

① DIE SOMMERSCHLÖSSER DER AMSTERDAMER KAUFLEUTE

Diese ca. 25 km lange Fahrradtour führt über eine alte Handels- und Verbindungsstraße entlang der Vecht von Utrecht nach Weesp. Unterwegs fahren Sie an Dutzenden von Schlössern und Herrschaftshäusern vorbei. Sie sind ein Überbleibsel aus der Zeit, als die reichen Patrizier aus Amsterdam die warme Jahreszeit an den idyllischen Ufern der Vecht verbrachten.

Die Vecht, ein kleiner, träger Fluss, der heute abseits der Schifffahrtsrouten liegt, war schon immer beliebt. Früher ließen sich die reichen Kaufleute von Amsterdam an ihrem Ufer stattliche Herrenhäuser bauen, um im Sommer dort zu wohnen. Während bei den älteren Schlössern der Schutz vor feindlichen Angriffen im Vordergrund stand, ging es bei den später errichteten Landsitzen mehr um eine ansprechende Architektur. Die Baumeister ließen sich von den alten Griechen inspirieren, machten aber auch Anleihen bei den Italienern und den Franzosen. Im 17. Jh. wurde vor allem im klassizistischen Stil gebaut, später herrschten üppige Barockornamente vor, und in der zweiten Hälfte des 19. Jhs. tauchten neogotische Elemente auf. Zu den meisten Herrenhäusern gehört ein großer Garten oder ein Park. Auch diese mussten natürlich Grandeur ausstrahlen. Die älteren Grünanlagen wurden nach französischem Vorbild symmetrisch gestaltet, später dominierten englische Landschaftsgärten das Bild. Im 19. Jh. legte der bekannte niederländische Gartenarchitekt Jan David Zocher viele Grünflächen in seinem typischen Stil mit sich schlängelnden Pfaden, Teichen und Baumgruppen an. Ein Großteil dieser Schlösser und Landhäuser ist bis heute in ursprünglicher Form erhalten.

Die Tour beginnt beim *VVV-Büro (beim Bahnhof, Vredenburg 90)* in *Utrecht (S. 53)* und führt über die *Lange Viestraat* bis zur *Oude Gracht.* Da die Gracht ein paar Kilometer weiter in die Vecht mündet, ist es am einfachsten, am rechten Grachtenufer entlang bis nach *Oud-Zuilen* zu fahren. Hier werden Ihnen die für ein Dorf überaus imposanten Häuser rechts und links der Hauptstraße *(Dorpstraat)* auffallen.

Am Ortsausgang tauchen die hohen Türme von *Schloss Zuylen (Tournooiveld 1)* auf. Der eindrucksvolle mittelalterliche Bau verfügt, obwohl er mehrfach umgebaut wurde, noch über seine Originalfassaden. Der Park wurde nach dem Vorbild von Versailles gestaltet. Die berühmteste Schlossbewohnerin war die für ihre Zeit sehr kritische Schriftstellerin Belle van Zuylen (1740–1805), an die heute das zum Schloss gehörende *Grand-Café Belle* erinnert. Im Sommer, wenn Tische und Stühle auf der Terrasse stehen, kann man die Beine über dem Schlossteich baumeln lassen. Das *Schlossmuseum* und der große Park können besichtigt werden *(Mitte Mai–Mitte Sept. Di–Do 11–17, Sa/So 13–17 Uhr, Mitte März–Mitte Mai und Mitte Sept.–Mitte Nov. Sa/So 13–17 Uhr).*

Nun geht es weiter nach *Maarssen,* wo es von Schlössern und Herrenhäusern nur so wimmelt. Zuerst kommt *Huis ten Bosch (Zandweg 44),* dann taucht das eindrucksvolle schmiedeeiserne Gittertor von *Schloss Doornburg (Diependaalsedijk 17)* auf, und schließlich landen Sie bei *Schloss Goudestein (Diependaalseweg 19),* das heute als Rathaus Dienst tut. Lassen Sie Ihr Fahrrad hier für einen Moment im Schlosspark ste-

hen, und machen Sie einen kurzen Abstecher ins *Nederlands Drogisterij Museum (Mai–Okt Di–Sa 10–17, So 13–17 Uhr, Diependaalsedijk 19c),* das sich im ehemaligen Kutscherhaus gleich hinter dem Schloss befindet. Tauchen Sie ein in die Welt der Salbentöpfchen und der Essenzfläschchen mit eingebrannten Etiketten, und lassen Sie sich vom Museumsbesitzer die Geschichte der typischen holländischen »Gähner« erzählen (er spricht recht gut Deutsch).

Die nächsten paar Kilometer führen dann Richtung *Breukelen.* Bevor Sie ins Dorf fahren, sehen Sie auf dem anderen Ufer den viereckigen Turm von *Nijenrode (Straatweg 25).* Gleich dahinter steht das im 13. Jh. erbaute Schloss. Heute befindet sich dort die renommierte Wirtschaftshochschule gleichen Namens, die auch der amtierende Ministerpräsident Wim Kok besucht hat. In Breukelen stehen am linken und am rechten Vecht-Ufer aber noch weitere Schlösser: *Boom en Bosch (Markt 13), Gunterstein (Laan van Gunterstein), Queekhoven (Zandpad 41)* und *Groenevecht (Zandpad 37).* Die nächste Etappe ist *Loenen.* Falls Sie nicht schon unterwegs in einem der zahlreichen Cafés am Wasser Rast gemacht haben, ist das Restaurant *Het Wapen van Loenen (Mijndensedijk 1, Tel. 0294/23 24 75, Kategorie 2)* die ideale Adresse für eine Zwischenmahlzeit. Die drei Schlösser in Loenen – *Vegtlust (Oud Over 3), Bijdorp (Oud Over 8)* und *Oud Over (Oud Over 33)* – können leider nicht von innen besichtigt werden. Ein Blick auf die edlen Gemäuer lohnt sich aber allemal. Die Uferstraße führt danach durch *Vree-*

land mit den beiden Herrenhäusern *Het Plantagehuis (Kleizuwe 101)* und *Valck en Heining (Rijksstraatweg 147).* Dann kommen Sie zur Schleuse *'t Hemeltje.* Dort biegen Sie links ab und fahren die letzten paar Kilometer den Wegweisern nach bis *Weesp,* wo Sie sich auf der großen Terrasse des Restaurants *De Schalkse Weesp (tgl., Ossemarkt 12a, Tel. 0294/41 35 44, Kategorie 2)* erholen können. Sie haben die Möglichkeit, in Weesp entweder in den Zug zu steigen *(Fahrradmitnahme gegen Gebühr gestattet)* oder mit dem Fahrrad zur ca. 15 Minuten entfernten, gut ausgeschilderten Amsterdamer Metrostation Kraaienest zu fahren.

② **GRENZTOUR DURCH DAS ACHTERHOEK**

Diese rund 150 km lange Tagestour führt von dem Hansestädtchen Zutphen durch eine reizvolle Kulturlandschaft über Winterswijk an die deutsche Grenze bis nach Enschede. Sie können den Blick über endlose Felder streifen und sich von den schönen Bauernhöfen beeindrucken lassen.

Über das niederländische *Achterhoek,* ein Gebiet, das wörtlich übersetzt eigentlich »Hinterwinkel« heißt, gibt es zahlreiche Vorurteile: Die Landschaft sei eintönig, es gebe nichts zu erleben und man spreche einen grässlichen Dialekt. Eine Kritik, die nicht gerechtfertigt ist, wie Sie auf dieser Tour feststellen werden. Die stolzen Herrenhäuser, die stattlichen Bauernhäuser, die vielen guten Restaurants und die zahlreichen Antiquitätengeschäfte bieten eine gefällige Abwechslung zu den umgepflügten Feldern und sattgrünen Wiesen.

Der Ausflug beginnt im Hansestädtchen *Zutphen (S. 71)* und führt zuerst auf der N 348 in südlicher Richtung nach Brummen. Dort zweigen Sie links ab und folgen den Schildern nach *Bronkhorst.* Kurz vor dem Ort müssen Sie die IJssel mit einer Fähre überqueren *(Bronkhorster Veer, Sommer tgl. 7–19, Winter 8–18 Uhr, 3,50 hfl pro Auto);* vor den beiden Bordhunden brauchen Sie sich nicht zu fürchten.

Bronkhorst besitzt seit 1492 das Stadtrecht und ist mit seinen nur 160 Ew. somit die kleinste »Stadt« der Niederlande. Der historische, fast komplett unter Denkmalschutz stehende Ortskern besteht aus einer Hauptstraße und lässt sich am einfachsten zu Fuß erkunden. Das *Dickens Museum (Ostern bis Herbstferien tgl. 10–17 Uhr, sonst nur nach Vereinbarung, Tel. 0575/45 16 23, kein Eintritt)* ist dem Gabriel aus Charles Dickens' Pickwick-Club, der im 19. Jh. in Bronkhorst gewohnt haben soll, gewidmet. Ferner gibt es ein Antiquitätengeschäft *(Heeren van Bronckhorst),* eine Töpferei *(Pottenbakker Jur Plantinga)* sowie eine Käserei *(Kaasboerderij 't Hoge Huys).* Auf der Terrasse der *Herberge De Gouden Leeuw (Mo geschl., Tel. 0575/45 12 31, Kategorie 1)* können Sie sich ausruhen und die alten Fassaden rundherum auf sich wirken lassen.

Danach geht es auf der N 314 weiter nach Hummelo. Dort biegen Sie auf die N 330 Richtung Zelhem, Varsseveld und Aalten ab. Kurz hinter Aalten gelangen Sie nach *Bredevoort.* In diesem als Bücherstadt bekannten Örtchen finden Sie nicht weniger als 25 niederländische und deutsche Antiquariate. Daneben gibt es ein

Buchbindezentrum, ein Institut für Regionalgeschichte, mehrere Kunstgalerien und ein mittelalterliches Restaurant. Jedes Jahr wird in Bredevoort am dritten Samstag im Mai und am letzten Samstag im August ein großer, internationaler Buchmarkt abgehalten.

Von Bredevoort geht die Tour weiter nach *Winterswijk*, einer Kleinstadt unweit der deutschen Grenze. Flächenmäßig ist der Ort mit seinen fast 14 000 ha riesig, doch wohnen hier nur 28 000 Menschen. Im Gegensatz zur dicht bevölkerten Randstad hat man hier noch richtig Platz, wie die vielen frei stehenden Häuser im Zentrum belegen. Selbst gemachte Torten und Kuchen bekommen Sie im *Il Caffè (Di–Sa 9–18 Uhr, Markt 48)*.

Folgen Sie am Ortsausgang von Winterswijk der N 319 nach *Groenlo,* der Vergnügungshochburg dieser Gegend. Wegen der außergewöhnlich hohen Zahl an Cafés und Kneipen spricht man im Volksmund vom »Las Vegas des Achterhoek«. Die Stadt, von deren Festungsvergangenheit noch ein paar Mauern sowie eine Kanone aus dem Jahr 1627 erhalten sind, hieß früher Grol. An diesen Namen erinnert heute noch das Grolsch-Bier, denn diese große niederländische Brauerei war ursprünglich in Grol beheimatet.

Die N 18 führt Sie zum Schluss über *Eibergen* ans Ziel dieser Route, nach *Enschede.* Diese größte Stadt in Overijssel gehört dank ihren zahlreichen Kneipen und mehreren Theater- und Konzertsälen zu einer der interessantesten und gemütlichsten in der ganzen Gegend.

③ AUF INLINESKATES DIE FRIESISCHEN KANÄLE ENTLANG

Diese rund 25 km lange Tour eignet sich sowohl für Skater als auch für Radler. Sie führt von der friesischen Provinzhauptstadt Leeuwarden an breiten Kanälen entlang bis nach Sneek, einer der elf Städte der berühmten *elfstedentocht*. Genießen Sie die saftigen, grünen Wiesen mit den schwarzweiß gefleckten Kühen. Wenn Sie Lust haben, können Sie mit den Segel- oder Motorbooten auf den Kanälen um die Wette fahren. Je nach Kondition und Zahl der Pausen sollten Sie einen halben bis einen Tag einplanen.

Friesland ist ein Paradies für Wassersportler. Auf den zahlreichen Gewässern kann man vortrefflich segeln, surfen oder Kanu fahren, und da die einzelnen Seen untereinander mit Kanälen verbunden sind, gelangt man problemlos von einem *meer* ins andere. Bootsverleiher gibt es überall, und vielerorts kann man auch Motorboote ohne Führerschein mieten. Im Winter sind die Kanäle bei entsprechenden Minusgraden von Schlittschuhläufern bevölkert. Die Königsroute des niederländischen Eisschnelllaufs ist die *elfstedentocht (S. 14).* Seit kurzem ist es möglich, die gleiche Strecke durch die elf Städte auf dem Landweg mit Rollerblades oder dem Fahrrad zurückzulegen. In den VVV-Büros erhalten Sie präzise Routenkarten.

Die Tour beginnt beim VVV-Büro vor dem Bahnhof von *Leeuwarden (S. 63).* Folgen Sie dem Stationsweg rechts, und überqueren Sie nach ein paar hundert Metern den Bahnübergang. Dann fahren Sie weiter auf der Schrans, einer

Einkaufsstraße, in Richtung Goutum. Der Bodenbelag ist auf diesem Anfangsstück keine reine Freude; erst bei der Verlengdeschrans wird das Klinkerpflaster etwas gleichmäßiger. Am Ende dieser Straße folgt die erste leichte Steigung über den Van-Harinxma-Kanal bis zu den Verkehrsampeln. Hier biegen Sie links ab, sodass Sie zum Boxsymerdyk gelangen. Falls Sie sehen möchten, wo die Eisläufer die *elfstedentocht* beginnen, biegen Sie beim Hotel Campanile in den Radweg ein, der auf die andere Seite der Autobahn führt. Bei der nächsten T-Kreuzung biegen Sie rechts ab. Wenn Sie etwa 3 km weiter vor dem Kanal Zwette Vaart nach links abbiegen, befinden Sie sich am Startpunkt. Von hier aus führt Sie ein ruhiger Radweg mit angenehmem Belag ohne Klinker nach Reduzum.

Wenn Sie auf den Abstecher verzichten, fahren Sie einfach auf dem Boxsymerdyk weiter in Richtung Wijtgaard. Auch hier rollen Sie schon bald über wunderbaren Asphalt, sodass Ihnen höchstens der Gegenwind zu schaffen machen könnte.

Das Gebiet zwischen Leeuwarden, Bolsward und Harlingen wird Greidhoek genannt. Es dient vor allem als Weideland für Kühe und Schafe, die Sie unterwegs nicht nur sehen, sondern auch hören werden. Abwechslung in die Landschaft bringen die stattlichen alten, friesischen Bauernhöfe mit ihren imposanten Dächern.

Für eine erste Rast empfiehlt sich das etwa 10 km von Leeuwarden entfernte *Wijtgaard,* wo Sie im Dorfcafé *Omke Wopke (Mo geschl., Buorren 34, Kategorie 3)* mit Ihren Skates sowohl auf der Terrasse als auch drinnen zu einem einfachen (warmen) Mittagessen willkommen sind.

Danach geht es weiter in Richtung Reduzum. Bei der riesigen Windturbine biegen Sie rechts ab und folgen den Schildern nach Sneek. Gleich hinter der Kurve finden Sie an der rechten Böschung einen Picknickplatz mit Tisch und Bänken, wo Sie sich ein bisschen ausruhen können. Dann geht der Radweg ziemlich rasant bergab durch eine Unterführung, von wo Sie auf den Snitserdyk gelangen. Es wird Ihnen auffallen, dass die Schilder in dieser Provinz zweisprachig sind – Niederländisch und Friesisch. Bei der Abzweigung in Raerd haben Sie die Möglichkeit, einen Bogen über das Dorf Easterwierrum entlang der Zwette Trekvaart zu fahren oder den Zielort direkt anzusteuern.

Kurz vor Sneek folgen Sie dem ausgeschilderten Weg entlang dem Oosterdijk ins Zentrum. Ab diesem Punkt hört der glatte Asphaltbelag auf, und Sie müssen wieder über Klinker fahren. *Sneek* ist ein hübsches, mittelalterliches Städtchen mit zwei achteckigen Stadttoren. Es gibt zahlreiche Kneipen, sechs chinesische Restaurants und drei Pizzerien. Von der Tour können Sie sich auf der Terrasse des *Cafés Twins (tgl. 11–24 Uhr, Leeuwenburg 4, Kategorie 3)* erholen. In Sneek gibt es zahlreiche Übernachtungsmöglichkeiten *(Auskunft beim VVV-Büro, Marktstraat 18, Tel. 0515/41 40 96, Fax 42 37 03).* Sie können die *elfstedentocht* aber auch über IJlst und Sloten fortsetzen oder per Zug zurück nach Leeuwarden fahren.

Von Auskunft bis Zoll

Hier finden Sie kurz gefasst die wichtigsten Adressen und Informationen für Ihre Reise in die Niederlande

AUSKUNFT VOR DER REISE

Niederländisches Büro für Tourismus (NBT)
Postfach 27 05 80, 50511 Köln, Tel. 0221/92 57 17 27, Fax 92 57 17 37, www.niederlande.de

AUSKUNFT IN DEN NIEDERLANDEN

In den Niederlanden gibt es rund 350 Fremdenverkehrsbüros, die Sie entweder in der Nähe des Bahnhofs (oft im gleichen Gebäude) oder am größten Platz des Ortes finden. Halten Sie Ausschau nach einem Schild mit drei weißen V auf blauem Hintergrund: Die Touristenbüros heißen in Holland VVV (sprich »FehFehFeh«). Hier bekommen Sie Karten, Prospekte, Bücher, Adressen und oft sogar lokale Produkte wie Konfitüre, Schnaps oder Kekse. Die Mitarbeiter geben Ihnen aber auch zahlreiche Tipps zu Tagesexkursionen, informieren Sie über Öffnungszeiten und vermitteln (gegen eine Gebühr von 3,50 hfl pro Person) ein Hotelzimmer. Die meisten

VVV-Büros bieten außerdem mehrtägige Ausflüge in ihrer Region an. Oft sind Prospekte und Bücher auf Deutsch erhältlich.

Die VVV-Büros sind normalerweise Mo–Fr von 9 bis 17, Sa von 9 bis 13 oder 16 Uhr geöffnet. Adressen und Telefonnummern der örtlichen VVV-Büros finden Sie in diesem Buch jeweils am Ende der Ortsbeschreibung.

AUTO

Das niederländische Autobahnnetz ist mit 2200 km sehr dicht und in der Randstad oft drei- oder vierspurig. Auf der Autobahn *(snelweg)* gilt eine Höchstgeschwindigkeit von 120 km/h, auf Schnellstraßen *(autoweg)* sind 100 km/h, auf Landstraßen *(provinciale weg)* 80 km/h, innerhalb von Ortschaften 50 km/h, zum Teil nur 30 km/h erlaubt. Die Promillegrenze liegt bei 0,5. Bleifreies Benzin heißt *loodvrij* und ist teurer als in Deutschland. Wenn Sie auf der Autobahn eine Panne haben, können Sie über *Tel. 0800/08 88* oder über eine Notrufsäule Hilfe anfordern. In beiden Fällen kommen die gelben Autos der Pannenhilfe ANWB. Informationen über Staus und andere Verkehrsbehinderungen gibt es unter *Tel. 0900/96 22.*

Parken ist vor allem in den Städten ein immer größer werdendes Problem. Und teuer dazu: Während eine Stunde in der Provinz 2–3 hfl kostet, bezahlen Sie in Amsterdam 5,50 hfl. Ist Ihr Wagen verkehrswidrig geparkt oder der Parkschein abgelaufen, bekommen Sie einen Strafzettel. In Amsterdam wird erbarmungslos eine gelbe Radklemme an Ihr Auto geschraubt. Die Beseitigung der Klemme kostet 130 hfl, nach 24 Stunden wird das Fahrzeug abgeschleppt (400 hfl).

BAHN

Das Netz der Nederlandse Spoorwegen (NS) ist eines der dichtesten in Westeuropa. Zwischen den 374 Bahnhöfen verkehren täglich 4700 Züge, die rund 1 Mio. Menschen befördern. Intercity- und Schnellzüge *(sneltreins)* befahren die Hauptstrecken im Halbstundentakt. Nahverkehrs- und Regionalzüge *(stoptreins)* halten an jedem Bahnhof. Eine Rückfahrkarte ist günstiger als eine Einzelfahrt – aber immer nur einen Tag gültig! Die Tageskarte ohne Kilometerbeschränkung kostet in der ersten Klasse 114 hfl, in der zweiten Klasse 73,50 hfl. Billiger sind Zugfahrten am Wochenende mit dem *Weekendretour (Fr 19–Mo 4 Uhr)*. Daneben gibt es zahlreiche Vergünstigungen wie den *Holland Rail Pass,* mit dem Sie drei oder fünf Tage durch die Niederlande fahren können. Drei

Tage kosten in der zweiten Klasse 130 hfl, fünf Tage 196 hfl; eine zweite Person bekommt 50 Prozent Ermäßigung.

Bei über 80 Bahnhöfen können Sie für ca. 7,50–10 hfl pro Tag bzw. 30 hfl pro Woche ein Fahrrad mieten (Kaution 50–200 hfl). Auskunft und Reservierungen: *Tel. 0900/92 92, www.ns.nl*

BANKEN

Fast alle Banken sind Mo–Fr von 10 bis 17 Uhr geöffnet. Geldautomaten finden Sie in jedem noch so kleinen Ort. Es ist günstiger, Geld mit der Ec-Karte am Automaten zu beziehen, denn die Wechselstuben verlangen oft horrende Provisionen.

CAMPING

Campingplätze sind in den letzten Jahren wie Pilze aus dem Boden geschossen. Auf dem Land bieten aber auch zahlreiche Bauern ein Stück Land an, auf dem man sein Zelt aufstellen darf. Erkundigen Sie sich bei den VVV-Büros, oder fordern Sie beim Niederländischen Tourismusbüro dessen ausführliche Broschüre an.

DIPLOMATISCHE VERTRETUNG

Deutsches Konsulat
De Lairessestraat 172, Amsterdam, Tel. 020/673 62 45

Österreichische Botschaft
Van Alkemadelaan 342, Den Haag, Tel. 070/324 54 70

Schweizerische Botschaft
Lange Voorhout 42, Den Haag, Tel. 070/364 28 31

EINREISE

Für EU-Bürger und Schweizer genügt der Personalausweis, eine Grenzkontrolle findet bei Einreise aus Deutschland, Österreich und Belgien jedoch normalerweise nicht mehr statt.

FÄHREN

Mehr als 60 Fähren transportieren Menschen, Fahrräder und Autos über Flüsse und Meeresarme. Auch zu den fünf Westfriesischen Inseln fahren Fähren. Das Auto können Sie allerdings nur nach Ameland, Texel und Terschelling mitnehmen.

FERNSEHEN UND RADIO

Mehr als 90 Prozent aller niederländischen Haushalte sind verkabelt. ARD und ZDF gehören zum Standardangebot. Je nach Region können Sie auf Ihrem Fernseher im Hotel aber auch Arte oder SWR empfangen. Für Radiohörer gilt: Den Deutschlandfunk kann man überall empfangen, in einigen Gebieten auch den WDR und den SWR.

FKK

Oben ohne ist allgemein üblich. Ferner gibt es entlang der holländischen Nordseeküste zahlreiche Nacktbadestrände. Nähere Auskünfte bekommen Sie beim *Dachverband der holländischen Naturistenvereinigungen, Tel. 030/232 88 10, www.nfn.nl.*

GESUNDHEIT

Apotheken sind meist Mo–Fr von 8 oder 9 bis 17.30 oder 18 Uhr geöffnet. Außerhalb dieser Öffnungszeiten gibt es immer eine Notapotheke. Erste Hilfe bieten die Notfallstationen *(eerste hulp)* der Krankenhäuser. Das Honorar für den Arzt *(dokter, arts)* müssen Sie entweder vorstrecken und Ihrer Krankenversicherung zur Erstattung vorlegen, oder Sie besorgen sich vor der Reise bei Ihrer Versicherung einen Auslandskrankenschein.

HAUSTIERE

Hunde und Katzen müssen in den letzten zwölf Monaten gegen Tollwut geimpft worden sein (Impfzeugnis!). Außerdem brauchen Sie für jedes Haustier ein amtstierärztliches Gesundheitszeugnis.

JUGENDHERBERGEN

Im ganzen Land gibt es 34 Jugendherbergen. Eine Liste mit den Adressen bekommen Sie beim Dachverband *NJHC, Prof. Tulpstraat 2, 1018 HA Amsterdam, Tel. 0031/20/551 31 55, Fax 639 01 99, www.njhc.org.*

MIETWAGEN

Auf den Flughäfen, in den großen Städten sowie in vielen Urlaubszentren finden Sie die bekannten Autoverleiher. Je nach Größe kostet ein Mietwagen pro Tag zwischen 70 und 250 hfl.

MUSEUMJAARKAART

Wenn Sie oft ins Museum gehen, lohnt sich die Museumjahreskarte, die Sie in den VVV-Büros oder in den Museen kaufen können. Die Karte, mit der Sie freien

Eintritt in 420 Museen haben, kostet 55 hfl und ist ein ganzes Kalenderjahr gültig. Sie benötigen dafür ein Passfoto.

NOTRUF

Die allgemeine Notrufnummer ist *112*.

ÖFFENTLICHE VERKEHRSMITTEL

Für Straßenbahnen, Busse und Metros gibt es im ganzen Land eine einheitliche *strippenkaart* (Streifenkarte). Während in den Bussen der Fahrer die Karte entwertet, müssen Sie das in Metros und Straßenbahnen meistens selbst tun. Zwei Streifen *(strippen)* entsprechen einer Zone. Wie viele Zonen Sie brauchen, können Sie auf dem bei der Haltestelle aushängenden Stadtplan nachschauen. Eine kleine oder große *strippenkaart* können Sie auf Bahnhöfen und Postämtern, in Kiosken und den VVV-Büros kaufen. Zwischen den großen Städten verkehren außerdem Interliner-Busse *(Auskunft: Tel. 0900/899 89 98);* hier gilt die *strippenkaart* nicht.

ÖFFNUNGSZEITEN

Die meisten Geschäfte sind Mo–Fr von 9 bis 18 Uhr (Supermärkte bis 20 Uhr) und Sa von 9 bis 17 Uhr geöffnet. In größeren Städten und in touristischen Gebieten gibt es so genannte *avondwinkels* (Nachtläden), die bis Mitternacht oder länger geöffnet sind. Donnerstag oder Freitag ist im ganzen Land bis 21 Uhr Abendverkauf *(koopavond)*. In Touristenorten sind die Geschäfte auch am Sonntag von 12 bis 17 Uhr geöffnet, im übrigen Land an zwölf Sonntagen im Jahr.

POST

Die Postämter erkennen Sie an den roten Schildern mit der weißen Aufschrift *ptt post*. Die meisten dieser Poststellen sind Mo–Fr von 9 bis 17 oder 18 Uhr, Sa von 9 bis 12 oder 13.30 Uhr geöffnet. Das Porto für Postkarten oder Briefe (bis 20 g) in die EU und die Schweiz beträgt 1 hfl.

REISEZEIT

Die Monate Mai bis September sind die angenehmsten zum Reisen. Dann ist es auch in den Niederlanden wärmer, wobei das Thermometer 25 Grad nur selten übersteigt. Vor allem in den Küstenregionen weht immer ein leichter Wind. Von Oktober bis April ist das Wetter sehr launisch, oft bewölkt und regnerisch.

TELEFON

Münztelefone werden auch in den Niederlanden immer seltener. Auf den Bahnhöfen brauchen Sie eine Telefonkarte der Gesellschaft Telfort, die Sie am Schalter oder am Kiosk kaufen können. Für alle anderen öffentlichen Telefone benötigen Sie eine KPN-Telefonkarte, die es in Tabakgeschäften und auf der Post gibt. Die Vorwahl ins Ausland ist 00, danach folgt für Deutschland 49, für Österreich 43, für die Schweiz 41. Die Vorwahl in die Niederlande ist 0031. Telefonate, die vom Hotel aus geführt werden, sind immer teurer. Die Telefonauskunft erreichen Sie unter *0900/80 08* oder *118*.

TRINKGELD

Trinkgeld ist überall inbegriffen. Trotzdem ist es üblich, im Restaurant, im Taxi oder beim Friseur ein Trinkgeld von etwa fünf bis zehn Prozent des Preises zu geben. Die Toilettenfrau erwartet mindestens zwei *kwartjes* (50 Cent).

ZEITUNGEN

Die auflagenstärkste Zeitung ist das konservative Boulevardblatt »De Telegraaf«. Weitere überregionale Tageszeitungen sind »De Volkskrant«, »Trouw« sowie das renommierte »NRC Handelsblad«. Deutsche Zeitungen sind am gleichen Tag erhältlich.

ZOLL

Innerhalb der EU dürfen Waren zum persönlichen Gebrauch frei ein- und ausgeführt werden (u. a. 800 Zigaretten, 90 l Wein, 10 l Spirituosen). Für Schweizer gelten wesentlich geringere Freimengen, u.a. 200 Zigaretten, 1 l Spirituosen, 50 g Parfum.

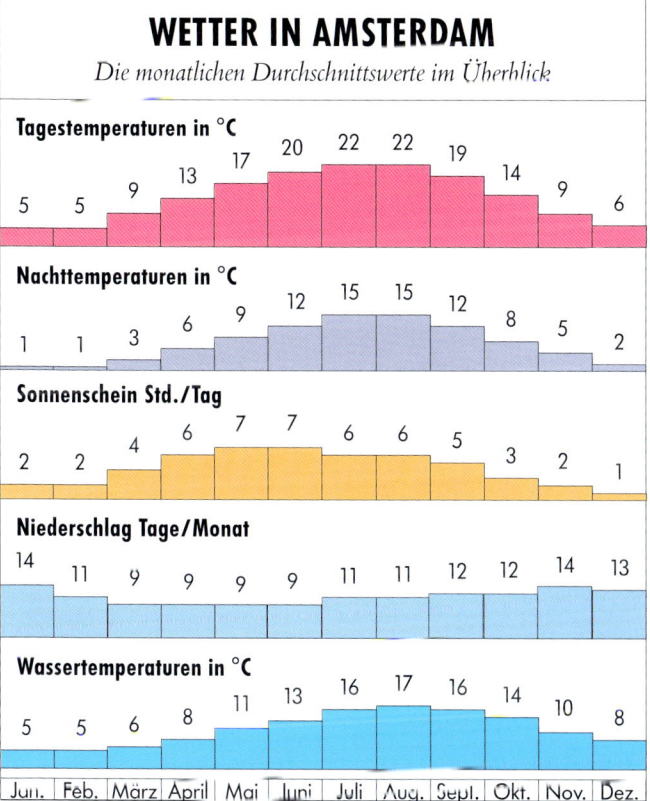

WETTER IN AMSTERDAM

Die monatlichen Durchschnittswerte im Überblick

Tagestemperaturen in °C
5 · 5 · 9 · 13 · 17 · 20 · 22 · 22 · 19 · 14 · 9 · 6

Nachttemperaturen in °C
1 · 1 · 3 · 6 · 9 · 12 · 15 · 15 · 12 · 8 · 5 · 2

Sonnenschein Std./Tag
2 · 2 · 4 · 6 · 7 · 7 · 6 · 6 · 5 · 3 · 2 · 1

Niederschlag Tage/Monat
14 · 11 · 9 · 9 · 9 · 9 · 11 · 11 · 12 · 12 · 14 · 13

Wassertemperaturen in °C
5 · 5 · 6 · 8 · 11 · 13 · 16 · 17 · 16 · 14 · 10 · 8

Jan. | Feb. | März | April | Mai | Juni | Juli | Aug. | Sept. | Okt. | Nov. | Dez.

Bloß nicht!

*Ein paar Tipps und Ratschläge, damit Sie im Umgang
mit den Niederländern nicht anecken*

Erster Kontakt auf Deutsch

In den Niederlanden wird Niederländisch gesprochen. Kein Mensch erwartet aber von Ihnen, dass Sie dieser Sprache mächtig sind. Versuchen Sie, erste Kontakte auf Englisch zu knüpfen. In Holland spricht fast jeder Englisch – oder versteht es zumindest. Niederländer sind überaus hilfsbereite Menschen, die Ihnen gerne den Weg zeigen – vorausgesetzt, sie werden freundlich danach gefragt.

Strandburgen graben

Die an der deutschen Nord- und Ostsee so beliebten Strandburgen sind an den hiesigen Stränden verpönt. Die Niederländer empfinden dieses »Territoriumabstecken« als deutsches Machtgehabe. Das niederländische Credo lautet vielmehr: Der Strand ist für alle da.

Fotos von Prostituierten machen

Machen Sie keine Fotos von Prostituierten. Die leicht bekleideten Damen hinter den Fenstern werden Sie zurechtweisen, wenn sie merken, dass Sie eine Aufnahme machen wollen. Schlagen Sie eine solche Warnung in den Wind, kann es durchaus passieren, dass die Frau (oder ihr Zuhälter) Sie verfolgt und den Film aus Ihrer Kamera zerrt. Und wundern Sie sich nicht, wenn die ganze Nachbarschaft dabei zuguckt und den Vorfall lautstark beklatscht!

Stehen bleiben, wenn Sie eine Fahrradklingel hören

Achten Sie in den Niederlanden immer auf Fahrräder! Wenn Sie als Fußgänger in einer Stadt unterwegs sind, sollten Sie unbedingt auf die Fahrradklingeln reagieren und schnell zur Seite springen. Erschrecken Sie auch nicht, wenn Ihnen Drahtesel in einer Einbahnstraße aus der verkehrten Richtung entgegenkommen. Und machen Sie sich nichts draus, wenn Sie im Auto vor einer roten Ampel warten und die Radfahrer links und rechts an Ihnen vorbeisausen.

Den Blick in den Rückspiegel vergessen

Bevor Sie zum Aussteigen die Autotür öffnen, müssen Sie sich zunächst immer vergewissern, ob nicht gerade ein Fahrrad vorbeikommt. Ein Fahrschüler fällt in den Niederlanden automatisch durch die Führerscheinprüfung, wenn er die zwei obligatorischen Kontrollblicke in den Rück- und den Seitenspiegel vor dem Aussteigen vergisst.

Sprechen und Verstehen ganz einfach

Zur Erleichterung der Aussprache sind alle niederländischen Wörter mit einer einfachen Aussprache (in eckigen Klammern) versehen.

AUF EINEN BLICK

Ja./Nein.	Ja. [jaa]/Nee. [nee]
Vielleicht.	Misschien. [mischien]
Bitte.	*(Sie)* Alstublieft. [alstüblieft]
	(Du) Alsjeblieft. [alsjeblieft]
Vielen Dank!	Dank u wel. [dank ü wel]
Gern geschehen.	Graag gedaan. [chraach chedaan]
Entschuldigung!	Neemt u mij niet kwalijk.
	[neemt ü mei niet kwalück]
Wie bitte?	Wat zegt u? [wat secht ü]
Ich verstehe Sie/dich nicht.	Ik begrijp u/je niet.
	[ik bechreip ü/je niet]
Ich spreche nur wenig …	Ik spreek alleen maar 'n beetje …
	[ik spreek alleen maar n beetje …]
Können Sie mir bitte helfen?	Kunt u mij alstublieft helpen?
	[künt ü mei alstüblieft helpen]
Ich möchte …	Ik wil …/Ik zou graag …
	[ik wil …/ik sau chraach …]
Das gefällt mir (nicht).	Dat vind ik (niet) leuk.
	[dat fint ik (niet) lök]
Wie viel kostet es?	Hoe duur is het?/Hoeveel kost het?
	[hu dühr is hett/hufeel kost hett]
Wie viel Uhr ist es?	Hoe laat is het? [hu laat is hett]

KENNENLERNEN

Guten Morgen!	Goedemorgen! [chujemorchen]
Guten Tag!	Dag!/Goedendag! [dach/chujedach]
Guten Abend!	Goedenavond! [chujenawont]
Hallo! Grüß dich!	Hallo!/Dag! [halloo/dach]
Mein Name ist …	Mijn naam is … [mein nahm is]
Wie ist Ihr Name, bitte?	Hoe heet u? [hu heet ü]
Wie geht es Ihnen/dir?	Hoe gaat het met u/jou?
	[hu chaht hett met ü/jau]
Danke. Und Ihnen/dir?	Dank u wel. En met u/jou?
	[dank ü wel. En met ü/jau]
Auf Wiedersehen!	Tot ziens! [tot siens]

Auskunft

links/rechts	links/rechts [links/rechs]
geradeaus	rechtdoor [rechdoor]
nah/weit	dichtbij/ver [dichbei/fer]
Bitte, wo ist …?	Waar is …? [wahr is …]
der Hauptbahnhof	het centraal station [het sentraalstaaschon]
die U-Bahn	de metro [de meetroo]
die Bushaltestelle	de bushalte [de büshalte]
der Flughafen	de luchthaven/het vliegveld [de lüchthaafen/het fliechfelt]
Wie weit ist das?	Hoe ver is dat? [Hu fer is dat]
Ich möchte … mieten.	Ik ben van plan … te huren. [Ik benn fann plann … te hüren]
… einen Wagen	… een wagen ['n waachen]
… ein Fahrrad	… een fiets ['n fiets]

Panne

Ich habe eine Panne.	Ik heb pech. [ik hep pech]
Würden Sie mir bitte einen Abschleppwagen schicken?	Wilt u mij alstublieft de takeldienst sturen? [wilt ü mei alstüblieft de takeldienst stüren]
Wo ist hier in der Nähe eine Werkstatt?	Waar is hier in de buurt een garage? [wahr is hier in de bürt een chraasche]

Tankstelle

Wo ist bitte die nächste Tankstelle?	Waar is de dichtsbijzijnde benzine pomp? [wahr is de dichsbeiseinde bänsiene pomp]
Ich möchte … Liter …	Ik wil graag … liter … [ik wil chraach … liter]
… Normalbenzin.	… gewone benzine. [chewohne bensiene]
… Super./Diesel.	… super./diesel. [süper/diesel]
… Bleifrei.	… loodvrij. [lootfrei]
Voll tanken, bitte.	Vol, alstublieft. [foll, alstüblieft]

Unfall

Hilfe!	Help! [helüpp]
Achtung!	Let op!/Pas op! [lett op/pas op]
Rufen Sie bitte schnell …	Belt u direct … [belt ü dierekt]
… einen Krankenwagen.	… een ziekenwagen. [n siekewaachen]
… die Polizei.	… de politie. [de poolietsie]
… die Feuerwehr.	… de brandweer. [de branntwehr]
Es war meine/Ihre Schuld.	Het was mijn/uw schuld. [het was mein/üw schült]
Geben Sie mir bitte Ihren Namen und Ihre Anschrift.	Geeft U mij alstublieft uw naam en uw adres. [geeft ü mei alstüblieft üw nahm en üw adress]

SPRACHFÜHRER NIEDERLÄNDISCH

ESSEN/UNTERHALTUNG

Wo gibt es hier …
… ein gutes Restaurant?

Waar is hier … [wahr is hier …]
… een goed restaurant?
[ünn chut restoorant]

Gibt es hier eine gemütliche Kneipe?

Is er hier een gezellig kroeg?
[is er hier ünn chesellich kruch]

Reservieren Sie uns bitte für heute Abend einen Tisch für vier Personen.

Wilt u (voor ons) voor vanavond een tafel voor vier personen reserveren?
[wilt ü (fohr ons) fohr fanaafont ünn taafel fohr fier persoonen reeserfeern]

Auf Ihr Wohl!

Proost!/Op uw gezondheid!
[proost/op üw chesontheit]

Die Rechnung, bitte.

De rekening, alstublieft.
[de reekening, alstüblieft]

EINKAUFEN

Wo finde ich …?

Waar vind ik …
[wahr fint ik]

eine Apotheke
eine Bäckerei
Fotoartikel
ein Kaufhaus
ein Lebensmittelgeschäft
einen Markt

een apotheek [ünn aapooteek]
een bakkerij [ünn bakkerei]
fotoartikelen [footoo-artikelen]
een warenhuis [ünn wahrenhöis]
een kruidenier [ünn kröidenier]
een markt [ünn marückt]

ÜBERNACHTUNG

Können Sie mir bitte … empfehlen?
… ein gutes Hotel
… eine Pension

Kunt u mij … aanbevelen?
[künt ü mei … aanbefeelen]
… een goed hotel [een chut hootel]
… een pension [een penschonn]

Haben Sie noch Zimmer frei?
ein Einzelzimmer

ein Doppelzimmer

mit Dusche/Bad
mit Blick aufs Meer

für eine Nacht
für eine Woche

Heeft u nog kamers vrij?
[heeft ü noch kaamers frei]
een eenpersoonskamer
[ünn eenpersoonskaamer]
een tweepersoonskamer
[ünn tweepersoonskaamer]
met douche/bad [met dusch/batt]
met uitzicht op zee
[met öitsicht op see]
voor een nacht [foor een nacht]
voor een week [foor een week]

Was kostet das Zimmer mit …
… Frühstück?
… Halbpension?

Hoeveel kost logies met …
[hufeel kost looschies met]
… ontbijt? [ontbeit]
… halfpension? [halfpenschonn]

Arzt

Können Sie mir einen
guten Arzt empfehlen?

Kunt u mij een goede dokter/arts
aanbevelen? [künnt ü mei ünn chuje dokter/
arrts aanbeweelen]

Ich habe hier Schmerzen.

Ik heb hier pijn. [ik hep hier pein]

Bank

Wo ist hier bitte …
  … eine Bank?
  … eine Wechselstube?

Waar is hier … [wahr is hier]
  … een bank? [ünn bank]
  … een wisselkantoor?
  [ünn wisselkantoor]

Ich möchte … DM
(Schilling, Schweizer
Franken) in Gulden
umwechseln.

Ik wil … Duitse mark (schilling,
Zwitserse francs) in guldens
omwisselen. [ik will … döitse mark
(schilling, Switserse frank) in chüldens
ommwisselen]

Post

Was kostet …
  … ein Brief …
  … eine Postkarte …
… nach Deutschland?

Hoeveel kost [hufeel kost] …
  … een brief [ünn brief] …
  … een kaart [ünn kaart] …
… naar Duitsland? [naar Düitslant]

Zahlen

0	nul [nül]		19	negentien [neechentien]
1	één [een]		20	twintig [twintich]
2	twee [tweh]		21	één-en-twintig
3	drie [drie]			[een en twintich]
4	vier [wier]		30	dertig [dertich]
5	vijf [weif]		40	veertig [feertich]
6	zes [ses]		50	vijftig [feiftich]
7	zeven [seewen]		60	zestig [sestich]
8	acht [acht]		70	zeventig [seewentich]
9	negen [neechen]		80	tachtig [tachtich]
10	tien [tien]		90	negentig [neechentich]
11	elf [ellüff]		100	honderd [hondert]
12	twaalf [twaalüff]		200	tweehonderd [twehhondert]
13	dertien [dertien]		1000	duizend [döisent]
14	veertien [weertien]		10000	tienduizend [tiendöisent]
15	vijftien [weiftien]			
16	zestien [sestien]		1/2	een half [ünn half]
17	zeventien [seewentien]		1/4	een vierde, een kwart
18	achttien [achtien]			[ünn wierde, ünn kwart]

Spijskaart
Speisekarte

ONTBIJT	FRÜHSTÜCK
zwarte koffie [swarte koffie]	schwarzer Kaffee
koffie met melk [koffie met mellück]	Kaffee mit Milch
koffie zonder cafeïne	koffeinfreier Kaffee
[koffie sonder kafeine]	
thee met melk/citroen	Tee mit Milch/Zitrone
[tee met mellück/sitrun]	
kruidenthee [kröidentee]	Kräutertee
chocolademelk [schokolademellück]	Schokolade
vruchtensap [früchtensap]	Fruchtsaft
zachtgekookt ei [sachtgekookt ei]	weich gekochtes Ei
roerei [rurei]	Rührei
eieren met spek [eiere mett speck]	Eier mit Speck
brood/broodje/toast	Brot/Brötchen/Toast
[broot/brootje/toost]	
boter [boote]	Butter
kaas [kahs]	Käse
worst [worst]	Wurst
ham [hamm]	Schinken
honing [hooning]	Honig
jam [schemm]	Marmelade
müsli [müslie]	Müsli

VOORGERECHTEN	VORSPEISEN
ansjovis [anschofis]	Sardellen
ardenner ham met meloen	Ardenner Schinken mit
[ardenner hamm met mellun]	Melone
bokking [bokking]	Geräucherter Hering
garnalen [charnaalen]	Krabben
mosselen [mosselen]	Muscheln
oesters [usters]	Austern
paling [paaling]	Aal

SOEPEN	SUPPEN
bouillon [buljonn]	Fleischbrühe
groentesoep [chruntesup]	Gemüsesuppe
heldere ossenstaartsoep	Klare Ochsenschwanzsuppe
[heldere ossestaartsup]	
kippensoep [kippesup]	Hühnersuppe
tomatensoep [toomaatesup]	Tomatensuppe
uiensoep [öiesup]	Zwiebelsuppe

VLEESGERECHTEN | FLEISCHGERICHTE

biefstuk [biefstück]	Beefsteak
blinde vinken [blinde finken]	Kalbfleischrouladen
kalfszwezerik [kalfssweeserik]	Kalbsbries
lam [lamm]	Lamm
lever [lefer]	Leber
ossentong [ossetong]	Ochsenzunge
varkenshaasje [farkenshaasje]	Schweinelende

GEVOGELTE EN WILD | GEFLÜGEL UND WILD

eend [eent]	Ente
gans [chans]	Gans
kalkoen [kalkun]	Truthahn
kip [kipp]	Huhn
konijn [koonein]	Kaninchen

VIS EN SCHAALDIEREN | FISCH UND SCHALTIERE

forel [foorell]	Forelle
garnalen [charnaalen]	Krabben
haring [haaring]	Hering
inktvis [inktfiss]	Tintenfisch
kabeljauw [kaabeljau]	Kabeljau
kreeft [kreeft]	Krebs
makreel [mackreel]	Makrele
mosselen [mosselen]	Muscheln
paling [paaling]	Aal
rivierkreeft [riefierkreeft]	Flusskrebs
schelvis [schellfiss]	Schellfisch
schol [scholl]	Scholle
stokvis [stockfiss]	Stockfisch
tarbot [tarbott]	Steinbutt
tonijn [toonein]	Thunfisch
zalm [sallümm]	Lachs
zeekreeft [seekreeft]	Hummer
zeetong [seetong]	Seezunge

BIJGERECHTEN | BEILAGEN

aardappelen [aardappelen]	Kartoffeln
friet [friet]	Pommes frites
gebakken aardappelen [chebacken aardappelen]	Bratkartoffeln
gekookte aardappelen [chekookte aardappelen]	Salzkartoffeln
gemengde sla [chemengde slaa]	Gemischter Salat
rijst [reist]	Reis

GROENTEN — GEMÜSE

andijvie [andeivie]	Endivie
asperges [aspärsches]	Spargel
bonen [boonen]	Bohnen
doperwten [doppärten]	Junge Erbsen
komkommer [komkommer]	Gurke
koolraap [kohlraap]	Kohlrabi
prei [prei]	Lauch
spruitjes [spröitjes]	Rosenkohl
witlof [wittloff]	Chicorée

KLEINE GERECHTEN — KLEINE GERICHTE

loempia [lumpja]	Frühlingsrolle
omelet [ommelät]	Omelette
pasteitje [pasteitje]	Pastete (mit Fleisch oder Gemüse)
salade [saalaade]	Salat
uitsmijter [öitsmeitr]	Strammer Max

STAMPPOT — EINTOPFGERICHTE

boerenkool met worst [burenkohl met worst]	Grünkohl mit Wurst
erwtensoep met worst [ertensup met worst]	Erbsensuppe mit Wurst
hutspot [hüttspott]	Möhren, Kartoffeln und Lende
jachtschotel [jachtschotel]	Wildklein mit Äpfeln und Kartoffelpüree

NAGERECHTEN — NACHSPEISEN

citroenmousse [sitrunmus]	Zitronenmousse
compote [kommpott]	Kompott
flensjes [flensches]	Crêpes
fruitsalade [fröitsaalaade]	Obstsalat
gember met room [chember met rohm]	Ingwer mit Sahne
ijs [eis]	Eis
ijskoffie [eiskoffie]	Eiskaffee
ijstaart [eistaart]	Eistorte
pannenkoek [pannenkuk]	Pfannkuchen
poffertjes [poffertjes]	Kleine Pfannkuchen mit Puderzucker
roomijs [rohmeis]	Sahneeis
slagroom [slachrohm]	Schlagsahne

Dranken
Getränkekarte

ALCOHOLISCHE DRANKEN	ALKOHOLISCHE GETRÄNKE

bier [bier] — Bier
bier van het vat [bier van het fatt] — Fassbier
flessenbier [flessebier] — Flaschenbier
alcoholvrij bier [alkehollfräi bier] — alkoholfreies Bier

bittertje [bittertje] — Genever mit Angostura
brandewijn [brandewein] — Weinbrand, Cognac
jenever [jenever] — Genever

champagne [schampanje] — Sekt
likeur [liekör] — Likör
wijn [wein] — Wein

drooge wijn [drooche wein] — trockener Wein
zoete wijn [sute wein] — lieblicher Wein
rode wijn [roode wein] — Rotwein
witte wijn [witte wein] — Weißwein

een glasje … [een chlasje] — ein Glas …
een (halve) fles … — eine (halbe) Flasche …
[een (halfe) fles]

FRISDRANKEN	ALKOHOLFREIE GETRÄNKE

cacao [kakau] — Kakao
chocolademelk [schokolademellück] — Trinkschokolade

koffie [koffie] — Kaffee
koffie met melk [koffie met mellück] — Kaffee mit Milch
koffie zonder cafeïne — koffeinfreier Kaffee
[koffie sondr kafeïne]

thee [tee] — Tee
theezakje [teesackje] — Teebeutel

limonade [liemoonaade] — Limonade
melk [mellück] — Milch
karnemelk [karnemellück] — Buttermilch
mineraalwater/bronwater — Mineralwasser
[mieneraalwaatr/bronwaatr]

sinaasappelsap [sienaasapplsap] — Orangensaft
tomatensap [toomaatensap] — Tomatensaft
appelsap [appelsap] — Apfelsaft
vruchtensap [früchtensap] — Fruchtsaft

Reiseatlas Niederlande

*Die Seiteneinteilung für den Reiseatlas finden Sie
auf dem hinteren Umschlag dieses Reiseführers*

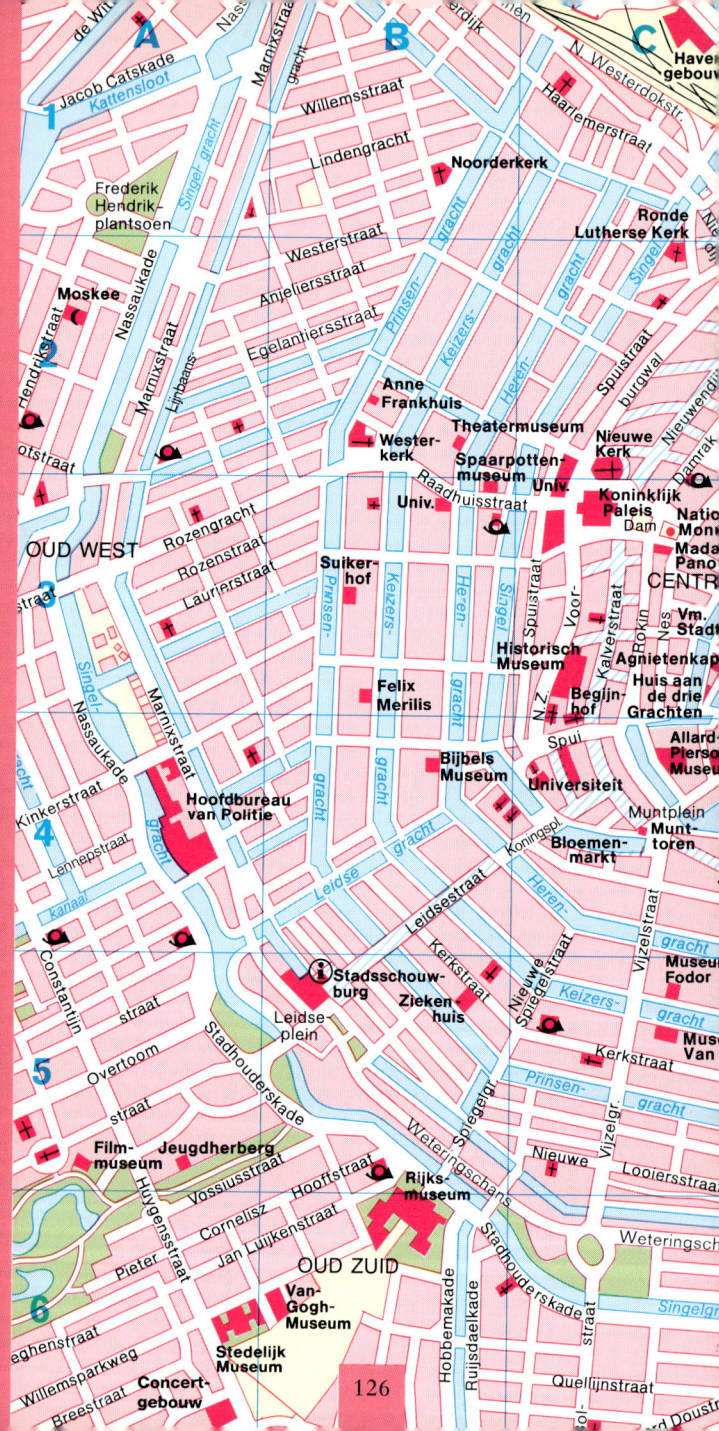

Amsterdam

200m

D **E** **F** **1**

Jachthaven

Noord-

wal

Het IJ

IJ-Tunnel

de Ruijterkade

Centraal Station

Stationsplein

International Passenger Terminal Amsterdam

Oostelijke Han

Piet Heinl

kade

Schreierstoren

Oosterdokskade

Dijksgracht **2**

Sint Nicolaaskerk

Oosterdok

New Metropolis

Marine Etablissement

Amstelkring

Waals

Zeedijk

Prins

Oude Kerk

Scheepvaarthuis

Kattenburgerst

Kattenbur

en- eg d's estr.

De Waag

Nieuwmarkt

Eilandsgr

Montelbaanstoren

Hendrik-

Scheepvaartmuseum

Trippen huis

Oude Schans

kade

Nieuwe Vaart

Kattenburgergracht

Gro

W.

Zuiderkerk

Bimhuis

Uilenburgergracht

Valkenburgerstraat

Hoogte

Kadijk

Rembrandthuis

Rapenburgerstraat

Entrepotdok

Plantage

Holland Experience

Mozes en Aäronkerk

Waterlooplein

Stadhuis

Mr. Visser-

plein

Portugees Synagoge

Planetarium

Doklaan **4**

Acad. v. Bouwkunst

Muziektheater

Joods Historisch Museum

Hortus Botanicus

Natura Artis Magistra (Zoo)

Plantage Middenlaan

Willet-Holthuysen-Museum

Amstel

Heren

Nieuwe

Amstelhof

Kelzers

Plantage

Aquarium

Nieuwe

Weesperstraat

gracht

Plantage Muidergracht

Muidergracht

Magere Brug

Nieuwe

Kerkstraat

Prinsengracht

Nieuwe

Achter-

Universiteit

straat **5**

Utrechtsestraat

Theater Carré

Nieuwe

gracht

Diamantbeurs

Singel

Mauritskade

Universiteit

kerk

Frederiksplein

OOST

Sarphati

Rhijnspoorplein

A Bonnstr

Oosterpark

Nederlandse Bank

Wibauths

Wibautsstraat

O.L.v. Gasthuis

Stadhouderskade

Amsteldijk

Amstel

straat

2e Oostel

Beukenweg **6**

Synagoge

Govert Flinckstraat

Jan Steenstraat

Buysc

Oosterpark

127

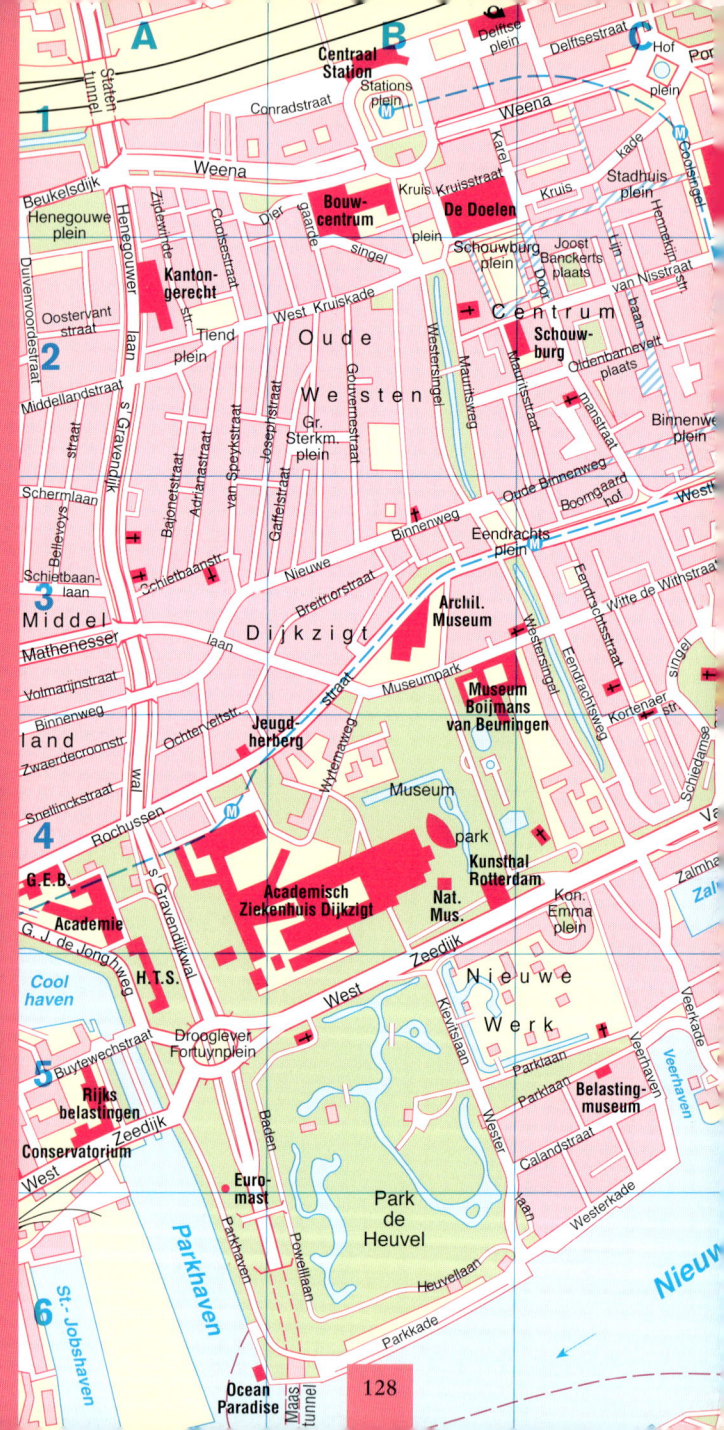

LEGENDE REISEATLAS

Autobahn mit Anschlußstelle	**Namur** **5**	Motorway with junction
Autobahn in Bau mit Fertig-stellungsdatum	**Datum** **Date**	Motorway under construction, with provisional date of opening
Raststätte mit Übernachtungs-möglichkeit	Ⓡ	Service area with motel
Raststätte ohne Übernachtungs-möglichkeit	ⓡ	Service area without motel
Tankstelle	Ⓣ	Filling station
Straße mit zwei getrennten Fahrbahnen		Dual carriageway
Durchgangsstraße		Main road
Verbindungsstraße		Connecting road
Nebenstraße		Secondary road
Autobahnnummer	**A7**	Motorway number
Europastraßennummer	**E55**	European road number
Straßennummer	**345**	Road number
Fernkilometrierung	**153**	Very long distances
Großkilometrierung	**34**	Long distances
Zwischenkilometrierung	**13**	Intermediary distances
Tunnel		Tunnel
Bedeutende Steigungen		Important gradients
Autofähre	• *F.*	Car ferry
Schiffsverbindung		Shipping route
Kfz-Verladestation (auch Auto im Reisezug)	**Bruxelles**	Autorail
Touristenstraße	*Groene Kustweg*	Tourist route
Kirche · Kirchenruine		Church · Church ruin
Kloster · Klosterruine		Monastery · Monastery ruin
Schloß, Burg · Schloß-, Burgruine		Palace, castle Palace ruin, castle ruin
Denkmal · Wasserfall		Monument · Waterfall
Höhle · Ruinenstätte		Cave · Ruins
Campingplatz · Jugendherberge		Camp site · Youth hostel
Sonstiges Objekt	•	Other object
Internationaler Flughafen	✈	International airport

10 km

*In diesem Register sind alle erwähnten Orte und Ausflugsziele verzeichnet.
Halbfette Seitenzahlen verweisen auf den Haupteintrag, kursive auf ein Foto.*

Was bekomme ich für mein Geld?

 Die niederländische Währungseinheit ist der Gulden (Abkürzung hfl). Ein Gulden sind 100 Cent. Im Umlauf sind Münzen zu 5 *(stuiver)*, 10 *(dubbeltje)* und 25 Cent *(kwartje)*. Preise werden in Geschäften zwar genau angegeben, jedoch wird der Endbetrag an der Kasse immer auf die nächste 5er-Einheit auf- bzw. abgerundet. Ferner gibt es Münzen zu 1 Gulden *(piek)*, 2,50 *(rijksdaalder* oder *knaak)* und 5 Gulden. An Papiergeld gibt es den blauen Zehnerschein *(joet)*, den roten 25er-Schein *(geeltje)*, den gelben 50er, den braunen 100er *(meier)*, den violetten 250er sowie den grünen 1000er *(rug)*.

Ein gewöhnliches Bier in der Kneipe kostet meist 3,50 hfl. Denselben Preis zahlen Sie für ein einfaches *broodje kaas* (Käsebrötchen). Eine Kinokarte liegt meist bei 15 Gulden, das Päckchen Zigaretten kostet 7 Gulden, ein Bett in der Jugendherberge etwa 22,50 Gulden, der Liter Super um 2,50 und bleifreies Benzin ca. 2,40 Gulden.

In den Niederlanden finden Sie überall Geldautomaten, bei denen Sie mit Ihrer Ec-Karte Bargeld beziehen können (je nach Bank zwischen 400 und 600 Gulden). Kreditkarten sind weit verbreitet.

DM	Hfl	Hfl	DM
1	1,13	1	0,89
2	2,25	2	1,78
3	3,38	3	2,66
4	4,51	4	3,55
5	5,63	5	4,44
10	11,27	10	8,88
20	22,53	20	17,75
30	33,80	30	26,63
40	45,07	40	35,50
50	56,34	50	44,38
60	67,60	60	53,25
70	78,87	70	62,13
80	90,14	80	71,00
90	101,41	90	79,88
100	112,67	100	88,75
250	281,69	250	221,88
300	338,02	300	266,26
500	563,37	500	443,76
750	845,05	750	665,64
1.000	1.126,74	1.000	887,52

Seit 1999 gelten bis zur endgültigen Einführung des Euro die oben stehenden Kurse. Sie sind keinen Schwankungen mehr unterworfen.

INHALT

MARCO ⊕ POLO
NIEDERLANDE

*Fünf Symbole sollen Ihnen
die Orientierung in diesem Führer erleichtern:*

für Marco Polo Tipps   die besten in jeder Kategorie

für alle Objekte, bei denen Sie auch eine schöne Aussicht haben

für Plätze, wo Sie bestimmt viele Einheimische treffen

für Treffpunkte für junge Leute

(112/A 1)
*Seitenzahlen und Koordinaten für den Reiseatlas Niederlande
und die Stadtpläne Amsterdam und Rotterdam*

(U/A 1) *Koordinaten für den Stadtplan Den Haag im hinteren Umschlag
(O) außerhalb des Stadtplans
Zu Ihrer Orientierung sind auch die Orte mit Koordinaten
versehen, die nicht im Reiseatlas eingetragen sind.*

*Diesen Führer schrieb Elsbeth Gugger.
Sie ist Korrespondentin des Schweizer Radios DRS
und lebt seit 1992 in Amsterdam.*

*Die Marco Polo Reihe wird herausgegeben
von Ferdinand Ranft.*

MAIRS GEOGRAPHISCHER VERLAG

MARCO ⊕ POLO

Für Ihre nächste Reise gibt es folgende Titel dieser Reihe:

Die Marco Polo Redaktion freut sich, wenn Sie ihr schreiben: Marco Polo Redaktion,
Mairs Geographischer Verlag, Postfach 31 51, D-73751 Ostfildern

Unsere Autoren haben nach bestem Wissen recherchiert. Trotzdem schleichen sich
manchmal Fehler ein, für die der Verlag keine Haftung übernehmen kann.

Titelbild: Windmühle in Groenveld (Mauritius: Thonig)
Fotos: R. Hackenberg (76, 82, 83); HB-Verlag (69, 74); U. Kluyver (10, 15, 18, 20, 24, 30, 39, 43,
49, 50, 56, 58, 66, 78, 84, 89, 90); I. Knigge (64); Lade: Wrba (71); Mauritius: Hubatka (111), Storck (8);
Schuster: Martin (4), Tovy (12, 34); A. Sperber (16); O. Stadler (6); Transglobe: van Riel (26)

1. (7.) Auflage 2000 © Mairs Geographischer Verlag, Ostfildern
Chefredakteurin: Marion Zorn
Lektorat: Nikolai Michaelis
Gestaltung: Thienhaus/Wippermann (Büro Hamburg)
Kartografie Reiseatlas: © Mairs Geographischer Verlag, Ostfildern; ADAC-Verlag, München
Sprachführer: in Zusammenarbeit mit dem Ernst Klett Verlag für Wissen und Bildung GmbH,
Redaktion PONS Wörterbücher

Printed in Germany
Gedruckt auf 100% chlorfreiem Papier